20 世纪 20—30 年代

中国革命者在俄罗斯

《20 世纪 20—30 年代中国革命者在俄罗斯》编委会

人 民 出 版 社

中文版出版说明

2015年10月与2018年8月，俄罗斯环球出版社先后出版了《20世纪20—30年代中国革命者在俄罗斯（苏联）的足迹》一书上、下册。该书是在时任中国驻俄罗斯大使李辉倡导和支持下，由俄罗斯科学院远东研究所编辑的。两册书均以图片为主，辅以少量文字，主要介绍了20世纪二三十年代在俄罗斯学习、生活的中国共产党人相关的建筑物、场所与故事，也收录了少量他们的工作与生活照。上册内容展现的活动区域集中在莫斯科和圣彼得堡，下册内容展现的活动区域集中在海参崴、哈巴罗夫斯克等12个重要城市，同时还对上册中两个城市遗漏的照片等资料进行了较全面的补充。该书涉及的中国革命者上册为87人，下册为78人。

这是第一部展现这一时期中国革命者在俄罗斯（苏联）工作与生活场景的相关书籍，异常独特与珍贵，具有开拓意义，填补了党史研究领域的相关空白。这也是我社决定引进出版该书中文版的最重要因素。

但该书俄文版侧重于图片的集合，文字也较简单，对于不熟悉俄罗斯相关城市地理及这段历史的中国读者来说，其编排与介绍方式，使得其内容较难理解。为此，我社组织相关专家反复研究，确定了新的编辑方案，在保留原书主体内容的同时，本着尊重史实的态度，按照中国读者的阅读与思维习惯，对该书的编辑体例、相关内容进行了较大的调整、修正与完善。一是将原书的两册合为一册，按照共产国际运动和中国共产党的历史脉络，对相关内容进行了重新梳理与整合。使内容主次较为分明，重点得以突出（如中国共产党与共产国际的紧密联系、中国共产党在莫斯科召开的第六次全国代表大会场景等）。二是在原书基础上，对一些重点人物的介绍，按照历史史实进行了修正与完善（原书涉及的60多位中共重要领导人物，只介绍了赴俄前的革命经历，本书依据党史资料，均进行了增写，使其更为丰富完整）。

习近平总书记指出：一个忘记来路的民族必定是没有出路的民族，一个忘记初心的政党必定是没有未来的政党。“不忘初心，方得始终”。中国革命者20世纪20—30年代在俄罗斯（苏联）的活动，是中国革命历史的一个重要而特别的组成部分，我们有义务将这段历史挖掘好、梳理好。我社在迎接中共二十大召开之际推出此本，不仅为了钩沉与回顾，更是期待以此来推动对这段历史的整理与研究，以史为鉴，开辟未来。

人民出版社

2022年3月

序

《20世纪20年代—30年代中国革命者在俄罗斯》是一部很有特色的引进版图书。该书引进前的俄文版图书有两册，由俄罗斯环球出版社2015年、2018年先后出版。

2017年，人民出版社辛广伟总编辑与中国驻俄罗斯联邦的李辉大使在莫斯科商定，将这两册书引入中国国内翻译出版。考虑到中国读者的阅读习惯，在随后的编辑过程中，人民出版社对这两册书在结构上作了较大调整，在内容上进行了适当充实，最后经中俄两国有关方面共同商定后，将这两册书合并为一册出版。

20世纪初的中国已经成为西方列强瓜分的对象，山河破碎、国已不国。国内军阀割据，战乱频仍，社会苦难深重。俄国十月革命的胜利，给中国送来了马克思列宁主义，也为中国的先进分子带来了新的希望。去苏联（现俄罗斯）学习，考察苏维埃运动，寻求改造中国、富强中国的道路，成为一大批立志救亡图存、振兴中华的中国共产党人及革命青年的热切期望。在那激情燃烧的年代，年轻的中国共产党人一批批一次次奔赴苏联，学习马克思列宁主义理论，感受和体验社会主义新生活的美好，从而坚定了砸碎旧社会的斗志，增强了创造新世界的信心。

当年在莫斯科、圣彼得堡和远东等地，有大量当时也许并不十分著名，但后来却名扬天下的中国共产党人在其中学习、工作。书中依次列出，如周恩来、刘少奇、朱德、任弼时、陈云、张闻天、王稼祥、李立三、邓小平、叶剑英、邓颖超、杨尚昆、刘伯承、聂荣臻等。中国共产党的重要创始人陈独秀、李大钊，党的早期重要领导人瞿秋白、蔡和森、张太雷、苏兆征等，也都先后在莫斯科工作、学习过。据不完全统计，至20世纪30年代初，先后去苏联的中国革命者有700多名，后来成为中国共产党各个历史时期重要领导人、在中华人民共和国成立后担任过重要职务的领导者就有上百人。《20世纪20—30年代中国革命者在俄罗斯》的出版，首次系统梳理，用图文的形式呈现。为我们提供了中国共产党人早期在苏联学习、生活的轨迹，书中大量的历史照片及相关文字，以特殊的视角，把读者带回了那个年代，展示了一大批早期中国共产党人纯洁美好的革命初心，重如泰山的历史使命。印着革命者足迹的道路、承载着革命者记忆的建筑的今昔对比图片，唤醒了岁月、追问着历史、激荡着心灵。

当年的这些建筑，许多现在依然存在。它们既是俄罗斯建筑风格的展现，是其文化历史的一部分；也是中国革命者足迹的见证者，从某种意义上说也是中国革命历史与文化的一部分。

2021年，是中国共产党建党100周年。习近平总书记在庆祝中国共产党成立95周年大会上向全党郑重发出“不忘初心、继续前进”的伟大号召。在党的十九大上，“不忘初心、牢记使命”上升为大会的主题。本书的出版，是对这些革命先辈的最好纪念，是对中国共产党百年华诞的特殊献礼！

我愿把这部值得一读的珍贵画册推荐给读者。呈为序。

欧阳淞

2021年6月6日

目　录
Contents

国际列宁学校

共产主义学院

列宁学院及其他

伏龙芝工农红军军事学院及其他

第三部分　远东及西伯利亚

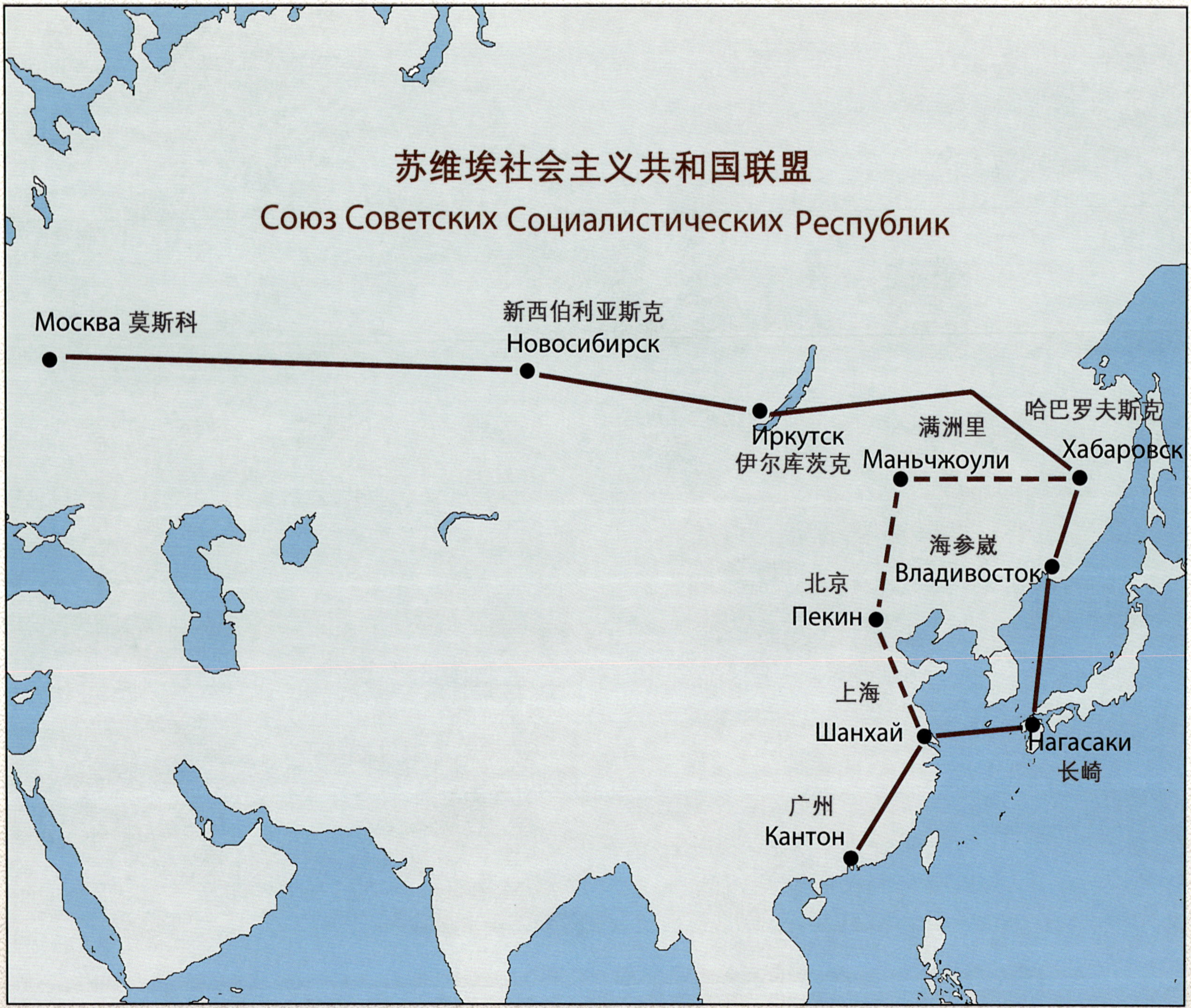

中国革命者从中国前往莫斯科的路线

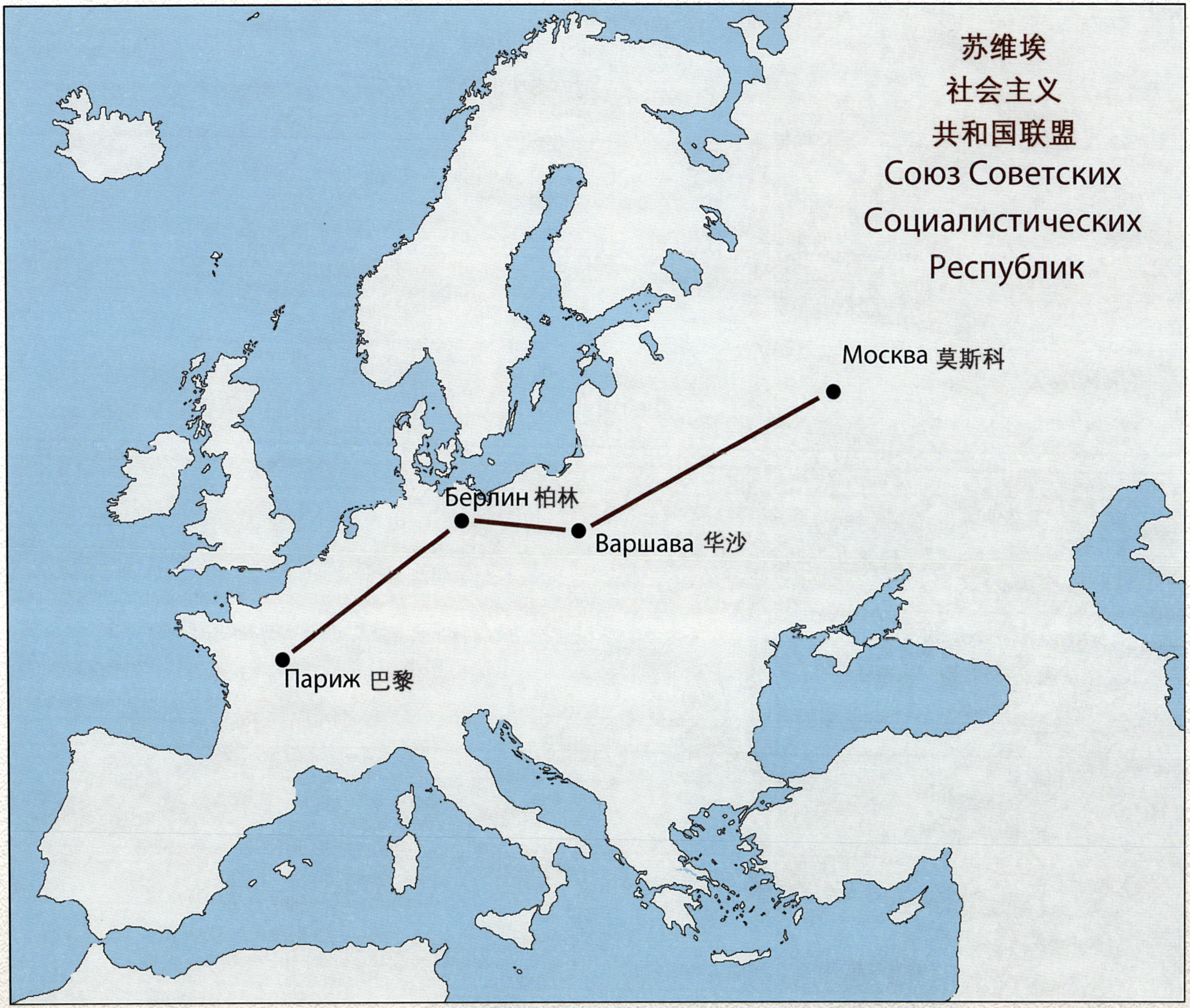

中国革命者从欧洲前往莫斯科的路线

在苏联的地图上（1991年12月版），可以看到许许多多同20世纪20—30年代中国革命者生活活动相关的地方。在本画册中，以星标标记那些在书中涉及的苏联城市及居民点

СССР
苏联
Иркутск
伊尔库茨克
Чита
赤塔
Хабаровск
哈巴罗夫斯克
КИТАЙ
中国
Владивосток
符拉迪沃斯托克（海参崴）

第一部分

（一切始于何方）

莫斯科——世界革命的总部

1919年3月2日，来自21个国家的35个政党与团体的52名代表在莫斯科召开了国际共产主义代表会议。列宁领导创建了世界各国共产党和共产主义团体的国际联合组织——共产国际执行委员会，总部位于莫斯科。因此，莫斯科通常被称为世界革命的总部。1922年7月，中国共产党二大决定参加共产国际，成为它的一个支部。

共产国际许多重要的活动在克里姆林宫、工会大厦等重要建筑中召开，留克斯酒店、莫斯科大都会酒店则成为许多中国革命运动人士下榻地和活动场所。从1919年到1943年，共产国际执委会先后4次在莫斯科更换办公驻地。在第三苏维埃宫，举办了远东人民第一次代表大会，会场上“全世界无产阶级联合起来”中文横幅格外耀眼夺目。中国劳动者共产主义大学、东方劳动者共产主义大学、国际列宁学校、伏龙芝工农红军军事学院等各类学校中，有数以千计的中国革命者参加学习和培训。许多中国革命者的后代，在伊万诺沃国际儿童院生活和接受教育。无可置疑，莫斯科是中国革命先驱在苏联活动的中心地区。

Москва

莫斯科

莫斯科，克里姆林宫（共产国际多次会议举办地）

数百年来，克里姆林宫一直是俄罗斯国家生活的中心。18 世纪初，彼得一世将首都迁往圣彼得堡。1918 年 3 月，俄国政府才迁回克里姆林宫。

这样，莫斯科再度成为俄罗斯、此后是苏联的首都。

克里姆林宫内，最为显著的建筑物是大克里姆林宫。该宫殿在设计师康斯坦丁・童领导下建成。这座大殿将更为早期的宫内建筑物和若干教堂整合在一起。

1919 年 3 月 2—6 日，在大克里姆林宫米特罗凡厅（现称叶卡捷琳娜厅）举行了共产国际成立大会。此后第二次（1920 年 7—8 月）、第三次（1921 年 6—7 月）、第四次（1922 年 11—12 月）、第五次（1924 年 6—7 月）会议均在安德列厅举行。

在俄中国工人联盟学校校长刘绍周和该联盟主席张永奎参加了第一次大会，拥有发言权。

在第二次共产代表国际大会上，俄罗斯共产党中央委员会（布尔什维克）中共局主席安恩学和刘绍周参会发言。像刘绍周一样，安恩学后来在中国国内也参加了共产主义运动。

张太雷作为中国共产党的代表参加了共产国际“三大”，中国青年团的代表俞秀松、陈为人列席会议。瞿秋白以记者的身份参加了会议。

第四次共产国际代表大会中国参会的革命者有：拥有表决权的陈独秀，具有发言权的刘仁静、王俊。负责技术问题的瞿秋白、王一飞和袁庆云。

第五次共产国际代表大会中国参会的革命者有：拥有表决权的中共中央政治局委员李大钊、王荷波和罗章龙，拥有发言权的刘清扬和彭述之。

现在，大克里姆林宫依然是俄罗斯举行最隆重活动的场所。

大克里姆林宫

今天克里姆林宫的安德列厅

《共产国际》杂志的封面

共产国际第四次代表大会的代表。前排左侧坐在地板上的是刘仁静；在这一排左起第四位的是格·季诺维也夫；他前面是尼·布哈林；在第二排坐在中间身着浅色西装的是陈独秀；后排左三为瞿秋白

在克里姆林宫的安德列厅召开了共产国际第二、三、四、五次代表大会

大德米特洛夫卡街 1 号，工会大厦（共产国际多次会议举办地）

工会大厦位于莫斯科市中心，拥有近 300 年的历史，是标志性建筑。这栋大楼与许多历史事件有着紧密的关系，其主要的名胜古迹是精美且庄严的圆柱大厅。

1917 年前，该建筑物属于莫斯科贵族大会，主要用于举行各种舞会和隆重接待会。十月革命后，建筑物归工会职业联盟所有，并取名为工会大厦。在这里，曾举行过诸多大会、全会和音乐会。圆柱大厅内，还举行过哀悼会：比如 1924 年 1 月，在连续 4 天时间里举行了列宁遗体的告别仪式；1953 年 3 月，又举行了斯大林遗体的告别仪式。当时，周恩来率中国代表团参加了斯大林的葬礼。

1921 年夏，在工会大厦圆柱大厅内，举行了若干场共产国际第三次代表大会的会议。此后又举行了**共产国际第六次**（1928 年 7 月 17 日—9 月 1 日）**和第七次代表大会**（1935 年 7 月 25 日—8 月 21 日）。

在第六次共产国际代表大会期间，中国由 29 名共产党员组成的代表团参加了大会：具有表决权的 20 人，发言权的 9 人。此外，中方还有 6 名青年共产国际代表参会（4 人有表决权，2 人有发言权）。代表团中具有表决权的是瞿秋白、周恩来、张国焘、邓中夏、黄平、苏兆征、项英、余飞和关向应等；具有发言权的是蔡畅、罗章龙 、王若飞和王得三等；负责技术问题的是瞿秋白的夫人杨之华、彭泽湘 、蔡树藩和李震瀛。

共产国际第七次代表大会共有 33 名中共党员参会。这些人是从共产国际中共代表团 38 名成员中选出的。其中，32 人有表决权，3 人负责技术工作。发言者中有王明、李立三、滕代远、吴玉章、郭肇唐、孔原、康生、王明的夫人孟庆澎、康生的夫人曹轶欧、林育英、饶漱石、武胡景、吴克坚、高自立、瞿秋白的夫人杨之华、陈云、陈潭秋和曾山。

新的世纪，新的变化。但工会大厦依然是举行隆重仪式的场地。同时，这里也举行各种音乐会和其他活动。

工会大厦，现在的外观

共产国际第七次代表大会期间的工会大厦，1935 年

工会大厦的圆柱厅

共产国际第七次代表大会的主席台，1935 年

共产国际代表大会期间的工会大厦圆柱厅

剧院广场 1 号，大剧院（共产国际会议举办地）

雄伟壮观的**大剧院**建于 19 世纪。高级领导人经常光顾此地欣赏精美绝伦的剧目演出。曾几何时，中国革命者也在此留下了自己的身影。大剧院除了演出功能外，还举行各种重要的社会活动。1922 年正是在大剧院主席台上，苏维埃社会主义共和国联盟向世界庄严宣布成立。共产国际曾在这里多次举行会议。1920 年 8 月 7 日，共产国际第二次代表大会开幕式在此隆重举行。此后，大剧院又多次成为举行共产国际会议开幕式的会场：1921 年 6 月 22 日第三次代表大会、1924 年 6 月 17 日的第五次代表大会。这些会议均有中国革命者参加。

参加共产国际第三次代表大会的中国革命者有：拥有表决权的共产国际远东书记处中国科的书记、中国共产党代表张太雷，北京《晨报》记者瞿秋白也出席了大会。

2005—2011 年，大剧院进行了装修和改造。迄今为止，这里依然是精彩剧目演出和举行各种隆重活动的场所。

晚间大剧院，现在的外观

1922 年，就是在大剧院的舞台上宣布成立苏维埃社会主义共和国联盟（苏联）。剧院内景

1930 年的大剧院

特维尔大街 10 号，留克斯酒店（共产国际活动的主要酒店）

这栋楼一直算是特维尔大街的装饰。19 世纪中叶以来，它就属于在这里摆放闻名整个莫斯科的面包的著名面包师菲利波夫家族。在 20 世纪末，还在这栋楼里建了一个名为“**留克斯**”的豪华酒店。20 世纪 20 年代，这家酒店是共产国际的酒店。任弼时、周恩来、张太雷、毛泽民等许多中国革命者，都在这里住过。现在，这栋楼正在进行改建。

于 1911 年开业的酒店，在 1917 年后得名“留克斯”

酒店在 1953 年更名为“中央酒店”，该建筑目前在改建中

剧院通道 2 号，莫斯科大都会酒店（许多中国革命运动人士下榻地）

莫斯科最有名的酒店之一——**莫斯科大都会酒店**，建于 1905 年。它的正面是 20 世纪初伟大的艺术家米哈伊尔·弗鲁别利笔下的乌釉陶瓷墙画。1917 年十月革命后，苏维埃政府迁到莫斯科，酒店得名“第二座苏维埃宫”，并成为许多共产党领导人的住所。这里曾住过来莫斯科的工人领袖，也发生过重大的社会事件。1950 年，在大都会酒店的“红厅”曾举办《中苏友好同盟互助条约》的签订庆祝宴会。毛泽东主席和苏联领导人斯大林参加。在楼前有列宁“只有无产阶级专政才能使人类摆脱资本的压迫”的名言。该酒店迄今仍是莫斯科最好的酒店之一。

第一次世界大战前的莫斯科大都会酒店

现在的莫斯科大都会酒店

金钱巷5号（共产国际执委会1919—1920年办公地）

在名为“阿尔巴特”的莫斯科老街区的许多美丽的独院，都被用作使馆和重要机构的驻地。其中也包括建于1897年的谢·巴·别尔格的这座独院。在苏联政府搬到莫斯科后，这座院子曾是德国大使馆。1918年，德国大使米尔巴赫被害，造成俄德两国关系一度紧张。一年后，在这里工作的是**共产国际执行委员会**（1919—1920年）。现在这里是意大利驻俄罗斯大使馆官邸。

1919—1920年，共产国际执行委员会在这栋楼里办公

金钱巷 5 号，现在这栋楼是意大利驻俄罗斯大使馆官邸

沃兹德维任卡大街 1 号（共产国际执委会 1920—1937 年办公地）

这栋大楼与克里姆林宫库塔菲娅钟楼和托洛茨卡娅钟楼相邻。**共产国际执行委员会**在 18 年时间里（1920—1937）一直在此地办公。共产国际执行委员会中国代表团和青年共产国际执行委员会在这里也有办公区。1930 年，从这栋楼开始的大街被命名为共产国际大街（现名为沃兹德维任卡大街）。共产国际执行委员会在此一直工作到 1937 年 9 月。1938 年 2 月，执行委员会迁到当时莫斯科北部边缘地区专门新建的大楼之中。

中国共产党一些领袖曾到这里访问过，其中包括陈独秀、李大钊、向忠发、张太雷、周恩来、刘少奇、蔡和森等。中共六大（1928 年 6—7 月）选出的共产国际执行委员会中共代表团也曾在这里工作过。成员有瞿秋白、张国焘、邓中夏、余飞、陆定一、刘明福、黄平。此后代表团成员发生过变化。20 世纪 30 年代，成员有林育英、卜世畸、陈毅、杨松、王明、康生、高自立、饶漱石、滕代远、苏兆征和王若飞。

自共产国际第六次代表大会开始（1928 年 7—8 月），中国代表多次参加共产国际监委会工作。1928—1935 年，监委会成员有项英（1928 年下半年曾在莫斯科短暂停留）和许之桢；1935—1938 年期间，高自立和武胡景是监委会成员。

在不同时期，张太雷、刘仁静、陆定一、刘明福、宋一平和饶漱石都参加过青年共产国际执行委员会的工作。

这栋楼在 18 年的时间里都是共产国际执行委员会的办公地点

沃兹德维任卡大街 1 号现在的外观

列宁大街 42 号，1—3 栋（共产国际执委会 1937 年 9 月—1938 年 2 月办公地）

1937 年 9 月至 1938 年 2 月，**共产国际执行委员会**曾于此处办公。起初这栋楼是给国际列宁学校预备的。亚历山大·瓦西里耶维奇·弗拉索夫于 1931 年完成该楼的设计，1936 年大楼完工。共产国际执委会 1937 年 9 月从沃兹德维任卡大街 1 号迁出后搬入此楼，又于 1938 年 2 月迁至位于威廉·彼卡街的雄伟大楼中。

共产国际七大后至 1939 年，共产国际执委会中的中共委员，有毛泽东、周恩来、王明（陈绍禹）和张国焘（1938 年前）。候补委员有康生、博古（秦邦宪）。王明和康生分别任共产国际执委会主席团成员和主席团候补成员。王明还是共产国际执委会书记处候补书记。杜国新（音译）任国际监察委员会委员。共产国际执委会于 1937 年 9 月在这栋大楼开始办公后，中国部的负责人王明和康生就回国了，王稼祥担任中国共产党驻共产国际的临时代表。1938 年 7 月，任弼时继任代表，至 1940 年。

列宁大街上的建筑在共产国际执委会搬走后，归苏联全国总工会所有。

20 世纪 30 年代的照片

如今的苏联全国总工会大楼

威廉·彼卡街4号（共产国际执委会办公厅1938—1943年办公地）

从20世纪20年代开始，坐落于此的综合体建筑曾为国际工人组织所用。厚重的主楼由伊·果洛索夫以后结构主义风格设计而成。1938年，**共产国际执行委员会办公厅**迁到这里，一直运行到1943年。共产国际执行委员会中国代表团曾在这里下榻。

在不同时期，共产国际执行委员会中国代表团成员中，有陈潭秋、任弼时、陈云、毛泽民、刘亚楼和林彪。

与共产国际执行委员会一同迁入这栋建筑物的还有共产国际监委会。在综合建筑体内的另两栋大楼（第2、第3栋）内还曾设有国际工会运动学校和共产国际执行委员会宿舍。此外，国际列宁学院也在这里授过课。

目前，这些建筑物为莫斯科国立社会大学和国立公共历史图书馆分馆所用。

共产国际执行委员会的新楼给人留下了深刻印象

新楼内景

威廉·彼卡街4号，现在这里是俄罗斯最著名的大学之一——俄罗斯国立社会大学

沃兹德维任卡大街 6 号（共产国际等机构医疗点）

20 世纪 20 年代，在沃兹德维任卡大街上和相邻的罗曼诺夫小巷均设有医疗机构。这些机构为中央机关（包括共产国际）的工作人员提供医疗帮助。现有的建筑建于 1929 年，其综合体内还包括此前的一些建筑物。1933 年，此处所有医疗机构统称为中央克里姆林宫诊所。20 世纪 30 年代末至 50 年代初，林彪、江青、王观澜和罗荣桓都在此接受过治疗。

目前，该建筑内设有总统办公厅事务管理局“诊疗医院”。

五角星、斧子、镰刀的装饰元素现在仍被保留

20 世纪 30 年代的克里姆林宫诊所大楼

现在的医院看起来与以前相差无几

报纸胡同 4 号（共产国际执委会办公地之一）

该建筑建于 1915 年。1926—1941 年，**共产国际执行委员会**以及后来的**国际革命战士济难会**（简称“济难会”）在此办公。当时，济难会在世界上 70 多个国家设有分支机构，为革命者和他们的家庭提供了巨大的帮助。其中，1933 年在济难会的帮助下成立了首家伊万诺沃斯塔索娃国际儿童院。很多中国革命者的孩子在这里受到培养教育，其中包括毛泽东的儿子毛岸英。1920 年中期时，中共驻济难会的代表是王一飞；1930 年初期时的代表是王若飞，然后是李克；1930 年中期时的代表是杨之华和孔原。

左为国际革命战士济难会的标志　　右为国际革命战士济难会钱款募集的标志

国际革命战士济难会的海报

目前该建筑物归国有机构使用。大楼外景

赤色工会国际执委会…

“中国城”大街9号劳动大厦（赤色工会国际执委会办公地）

十月革命前，**劳动大厦**堪称莫斯科最大的建筑物，沿莫斯科河绵延379米。该建筑建于18世纪，然后不断扩建，主要用于抚育孤儿。因此，此处的初始名称是保育院。十月革命后，很多工会机构迁入，其中包括**赤色工会国际执委会**。由此又获得“劳动宫”的称谓。中国革命者曾积极参加赤色工会的工作。比如刘少奇曾任赤色工会执委会委员。苏兆征、邓中夏、余飞和林育英也曾在此处工作。

目前，此处是彼得大帝战略导弹部队军事科学院。

20世纪20年代的“劳动宫”

从大乌斯京桥上看该建筑现在的外观

代表团大街 3 号，第三苏维埃宫（远东人民第一届代表大会举办地）

奥斯杰尔曼宫是莫斯科的著名宫殿之一。十月革命前，该建筑为莫斯科宗教学校所有。十月革命后，此处改称为第三工会大厦（第三苏维埃宫），主要用于举行社会活动，设有接待参加会议代表团的宿舍。因此，这座宫殿所在的波热多姆斯基小巷，于 1941 年更名为代表团大街。1922 年 1 月 21 日，远东人民（远东地区国家共产党和民族革命组织）第一届代表大会在这里举行。会议最后两天的工作于 2 月 1 日迁到彼得格勒进行。当时，中国有 43 名代表参会（亦有 50 人之说）。其中，有 28 名共产党员、3 名共产党同情者、2 名无政府主义者、7 名无党派人士和 3 名国民党党员。代表团由中国共产党中央局委员张国焘率领。会议期间，瞿秋白和吴葆萼负责技术性工作。

现在，该建筑物是全俄实用装饰艺术博物馆。

走出会场的大会代表们

第三苏维埃宫——现在是工艺美术博物馆

大会主席团

大会会议厅内的代表

参加大会的代表

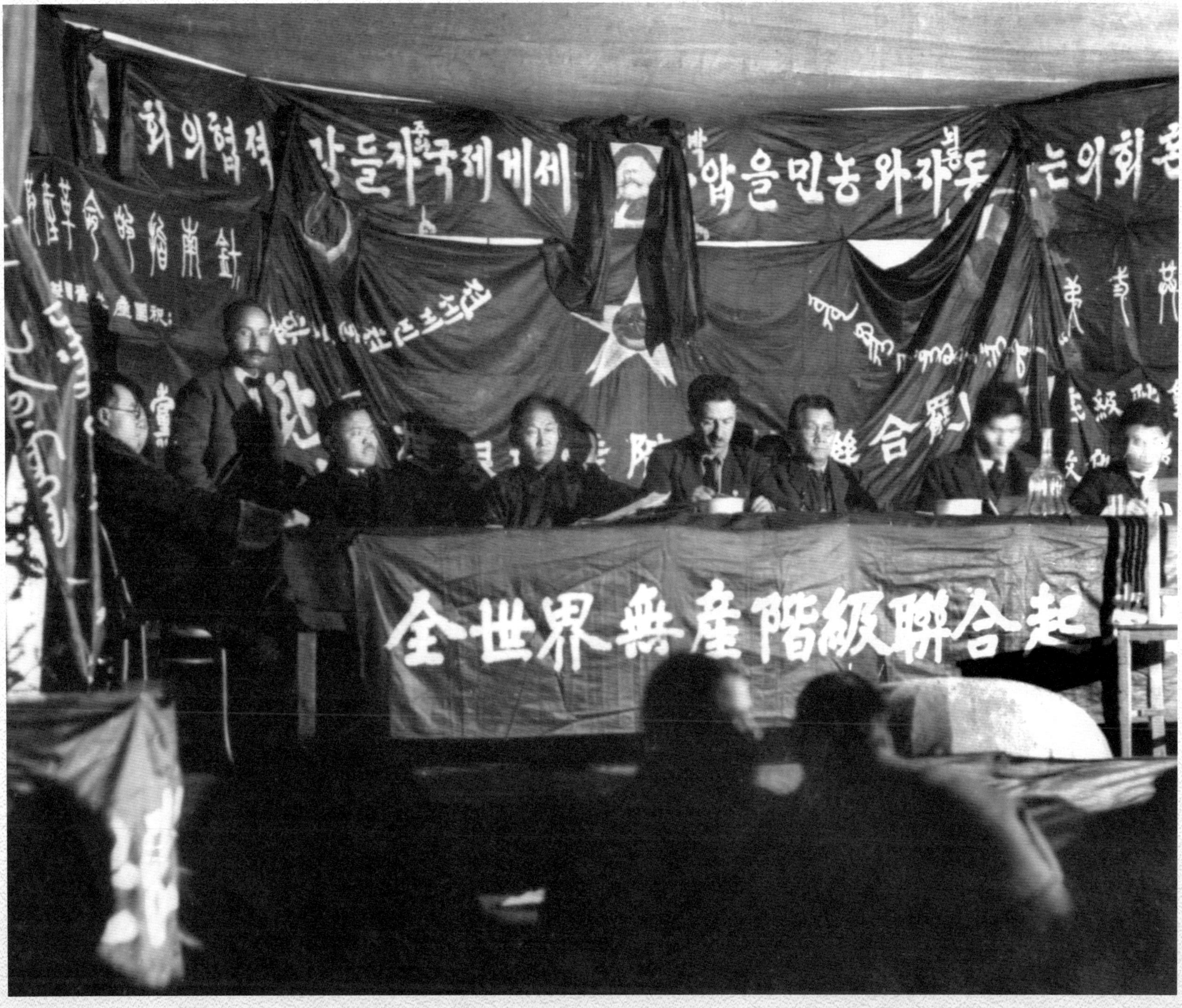

一个重要的分组会议

新莫斯科五一镇（中国共产党第六次全国代表大会会址）

老尼克尔利斯克耶庄园（现在新莫斯科的五一镇）在1928年是**中国共产党第六次全国代表大会**的会址。

当年，在中国人民经受水深火热和重重磨难的时候，在中国革命最艰难的时刻，来自全国各地的140多名共产党人冒着生命危险来到莫斯科，参加1928年6月18日至7月11日举行的中国共产党第六次全国代表大会。大会通过了中国“民主革命”的基本任务，通过了党行动的具体纲领。大会选出了新的中共中央委员会，其中包括23名委员和13名候补委员。被选出的政治局常委有向忠发、周恩来、苏兆征、项英、瞿秋白、张国焘、蔡和森。向忠发任中共中央总书记。

第六次全国代表大会在党的建设和中国革命中起到了重要作用。这是中国共产党历史上唯一一次在国外召开的全国代表大会，具有重大历史意义。

修复前的中国共产党第六次全国代表大会会址

20 世纪初的老尼克尔利斯克耶庄园

老尼克尔利斯克耶庄园在17世纪末就已为人所知，1917年后被国有化，作为集体农场的工人宿舍使用。苏联解体后这里曾是一栋住宅，但在火灾后，这栋房子被废弃，且遭到严重破坏。现在除了庄园的教堂之外，还保留有18世纪下半叶被遗弃被破坏的庄园房屋，以及损毁的大门和附属建筑的遗迹。

两国协议在该庄园内开设中国共产党第六次全国代表大会纪念馆。2013年9月5日，俄罗斯总统弗拉基米尔·普京和中国国家主席习近平出席了协议的签字仪式。这座具有历史意义的建筑已于2016年7月正式对外开放。

建筑外景

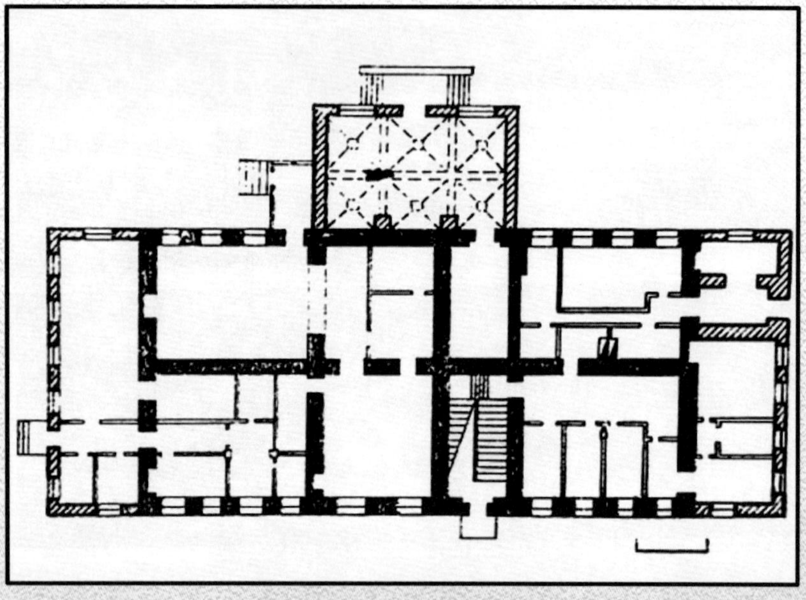

庄园主楼一层的建筑规划

修复后的中国共产党第六次全国代表大会会址

皮亚特尼茨基街 25 号（中国共产党第六次全国代表大会代表住地）

这栋楼是 1928 年夏，中国共产党第六次代表大会召开之前，中国参会代表们居住的地方。

皮亚特尼茨基大街 25 号楼（照片由奥·亚·季马林提供）

在俄罗斯的中国革命者合影（局部）

1927

莫斯科红场及共青团广场…

红场，1927 年 11 月 7 日的阅兵式

2017

红场，2017 年 11 月 7 日重现历史性的阅兵

共青团广场 5 号，雅罗斯拉夫火车站（西伯利亚大铁路起点）

世界上最长的铁路——西伯利亚大铁路，起自莫斯科**雅罗斯拉夫**火车站（1922—1955 年间名为**北方站**），终点为符拉迪沃斯托克火车站，全长共计 9228 公里。

对大多数 20 世纪 20—30 年代抵达莫斯科的中国人而言，北方站是他们莫斯科之行的开始。在这里，共产国际的代表们亲切地迎接了一批又一批赴莫斯科学习的革命者。

1927 年 10 月 6 日，载有孙中山遗孀宋庆龄女士的列车抵达北方站，陪同她的有武汉政府的前外交部长叶甫盖尼·陈（即陈友仁）。迎接宋庆龄一行的有外交人民委员会、莫斯科苏维埃和侨民协会的代表们。莫斯科中山大学的学生们，在列车到来之前就在月台上列队等候。中国侨民协会的代表团携有多面中国旗帜，还有一些莫斯科市的工人代表团前来迎接。欢迎会既亲切，又隆重。

西伯利亚大铁路起点的标记碑

20 世纪 30 年代的北方火车站

雅罗斯拉夫火车站（现照）

共青团广场 5 号（举办宋庆龄访苏欢迎仪式）

宋庆龄在塔斯社发表的声明中指出：“孙中山博士在生前未能实现的一个热切愿望，就是要来访问莫斯科，同你们，中国的忠诚革命朋友，进行磋商。在他临终前，孙博士要我代表他访问莫斯科。因此，我到这里来实现他的遗愿。我用中国革命大众的名义向苏俄人民保证，我们感谢他们已经给予我们的合作，我们坚信这种合作将在今后的斗争岁月里继续下去。”

雅罗斯拉夫火车站是极佳的建筑古迹，参与修建的有设计师科古舍夫（1895—1896 年负责车站东侧及月台）和舍赫杰里（1902—1904 年负责车站正面及候车大厅）。火车站的正面，采用的是 20 世纪初期流行的带有北方现代元素的新罗斯风格。西伯利亚大铁路的终点符拉迪沃斯托克火车站，在风格上也模仿了北方（雅罗斯拉夫）火车站。2001 年，在这里竖立起纪念西伯利亚大铁路建成 100 周年的石碑。

1927 年 10 月 6 日在北方火车站隆重欢迎宋庆龄女士（照片由俄罗斯国立影像资料档案馆提供）

中国学生在北方火车站迎接宋庆龄

普希金广场（东方劳动者共产主义大学校址）

1937 年，为纪念普希金诞辰 100 周年而出现了普希金广场的名字。这里是莫斯科令人流连忘返的地方。此前，该广场以位于现代街心花园和剧院的斯特拉斯特诺伊修道院的名字命名。曾几何时，**这栋女子修道院建筑物移交给东方劳动者共产主义大学**（东方大学）。该校直接隶属于俄罗斯苏维埃社会主义共和国民族事务委员会人民委员领导。1923 年，学校更名为斯大林大学。当年，因民族事务委员会解散，该校又转而归共产国际执行委员会东方局领导。据统计，在东方大学本部及其下设的军事短训班、军事政治班等，共有约 1000 名中国学员全程或部分学习过。其中有朱德、刘少奇、任弼时、罗亦农、萧劲光、叶挺、卜士奇、蒋光慈、彭述之、王一飞、柯庆施、萧子璋、赵世炎、王若飞、郑超麟、陈延年、陈乔年、刘伯坚、尹宽、聂荣臻、李富春、张人亚、周达文、陈琮英、刘鼎、武兆镐、武胡景、张景曾、关向应、熊雄等。

位于该广场上的《消息报》办公楼曾被东方大学学员俱乐部所用。俱乐部所在大楼（后被拆掉新建大楼）曾经演出过格里鲍耶陀夫的儿童剧目《聪明误》。因此，这栋楼也被莫斯科人以剧中人物法穆索夫的名字戏称为“法穆索夫楼”。

普希金广场经历过多次改造。

《消息报》大楼（建于 1976 年）的左边部分，就是 20 世纪 20 年代的莫斯科东方劳动者共产主义大学俱乐部的独院原址

1929年的老广场。中央是高耸的钟楼，在它后面是显眼的教堂和耶稣受难女子修道院。莫斯科东方劳动者共产主义大学就在这座修道院中。修道院在1937年被拆掉，现在在它的原址上是一个街心小公园和普希金纪念碑

小普希金胡同 1/2 号（东方劳动者共产主义大学校址）

这里是斯特拉斯特诺伊修道院唯一保存下来的曾设有**东方劳动者共产主义大学**的建筑物。目前，各类组织，其中包括《新世界》和《历史问题》杂志社在此处办公。

现在仅存的一座耶稣受难修道院建筑的外观

莫斯科东方劳动者共产主义大学学生的合影

斯特拉斯特诺伊林荫道 5 号（东方劳动者共产主义大学建筑之一）

十月革命前，首座马林斯基女子中学曾在这栋建筑物中的一部分从事教学工作。与此同时，此处也做民居使用。在相邻的斯特拉斯特诺伊修道院移交给**东方劳动者共产主义大学**后，该建筑物业同样转给了东方劳动者共产主义大学。成为了学生宿舍，许多在东大学习的中国革命者都曾在此居住。

目前，该栋建筑归俄罗斯联邦出版与大众传媒署使用。

莫斯科东方劳动者共产主义大学转交给马林斯基女子中学的建筑

俄罗斯联邦出版与大众传媒署现在的外观

特维尔林荫道 13 号（民族殖民地问题研究所原址与东方劳动者共产主义大学宿舍之一）

从 1923 年开始，**民族殖民地问题研究所**在此处办公。当时，该所的非正式名称是“东方语言学校”。1936 年，在该校学习的中国学生有 143 人，占学员总数的 80%。1937—1938 年大清洗期间，很多中国学生被捕。1939 年 5 月 1 日，学校被关掉。当时**东方劳动者共产主义大学**的一个宿舍也曾设在此处。

该建筑物所在位置是莫斯科最漂亮的林荫路之一。最近一些年里，此处经过重大的改扩建。

20 世纪初时格罗赫瓦斯托夫家族的私邸

莫斯科东方劳动者共产主义大学民族殖民地问题研究所的大楼被保留下来，但已被多次改建。这是现在的外观

中国劳动者共产主义大学（莫斯科中山大学）...

沃尔洪卡街 16 号，中国劳动者共产主义大学校址

十月革命前，在这个曾经的多尔戈鲁基大公家族庄园内，坐落着首家莫斯科州立中学。十月革命后改为森林研究所。1925 年，**孙逸仙中国劳动者大学**在此处开始工作。1928 年更名为**中国劳动者共产主义大学**。开始的时候，该校曾以中国民族解放运动领袖孙中山的名字命名。第一次国共合作时期，这所大学是国共两党统一阵线的教学中心。这些学校的学生，很多成为中共著名的积极分子，比如邓小平、王明、张闻天、王稼祥、叶剑英、林伯渠、董必武、徐特立、赵一晨、刘少文、屈武、甘泗淇、凯丰、徐冰、孔原、陈昌浩、吴玉章、沈泽民、乌兰夫、周达文、俞秀松、董亦湘、吴亮平和伍修权等。与中共活动家同时获得学生证的，还有国民党后来的著名活动家，比如蒋经国、邓文仪、康泽和谷正鼎等。

莫斯科州第一个州立中学，20 世纪初的照片

沃尔洪卡街的现代街景

沃尔洪卡街 18 号，中国劳动者共产主义大学校址

该建筑物始建于 18 世纪末。从 1831 年开始，被首家莫斯科州立中学所用，同时还兼用临近的沃尔洪卡街 16 号公馆（后来，**中国劳动者大学在此设立**）。十月革命后，这里还设立了一些研究所，并于 1929 年并入共产主义学院。沃尔洪卡街 14 号主建筑与其相邻。

目前，俄罗斯科学院俄语研究所在此办公。

20 世纪初沃尔洪卡街 18 号楼

沃尔洪卡街 18 号，现在该楼是俄罗斯科学院俄语研究所

波瓦尔斯卡娅大街 25 号（国际列宁学校 1926—1938 年莫斯科校址）

1926—1938 年，**国际列宁学校曾在莫斯科办学**。这座学校的主建筑是一栋豪华私邸，由设计师德·日利亚尔基于 19 世纪早期为谢·加加林公爵设计。该校的主要用途是培养中国共产党和其他外国共产党的中高级干部。在这里，曾有 200 多名中国革命家学习过。其中包括中共著名活动家张国焘、刘仁静、董必武、高自立、黄平、李立三。同时，中国劳动者大学此前的学生周达文、俞秀松、董亦湘也在此就读过。一些中共著名的活动家于不同年代也曾在这里就读或教书，比如王观澜、王若飞、孔原、刘长胜、马辉之、彭泽湘、宋一平、吴克坚、陈潭秋、陈云、杨之华。

目前，高尔基世界文学研究所在这栋建筑物内办公。

波瓦尔斯卡娅大街 25 号，大楼还保持着革命前的外观

在世界文学研究所楼前竖立着作家高尔基的雕像

果戈里林荫道 7 号（国际列宁学校宿舍之一）

莫斯科最美丽的林荫道之一，于 1924 年以伟大作家尼古拉·果戈里的名字命名。在此地曾出现过当时围绕莫斯科的要塞工事圈，工事的围墙被称为“白色城市”，因为墙是用浅白色的石灰石砌成的。沿着“白色城市”都是莫斯科贵族们的豪宅。在一座建于 19 世纪的小型独院中，坐落着 20 世纪 20 年代的行政楼和一处**国际列宁学校**的宿舍。现在这栋楼被作为办公室使用，属于一家私人公司。

20 世纪初时的普列契斯坚斯基林荫道（后称为果戈里林荫道）

果戈里林荫道 7 号，这栋楼和 20 世纪 20 年代一样，仍不会引起路人的注意

果戈里林荫道 14 号（国际列宁学校宿舍之一）

这栋林荫道上的宽敞漂亮的二层建筑，以 1956 年就在这里的“中央国际象棋俱乐部”而被大多数莫斯科人所熟知。对于诸位伟大的俄罗斯国际象棋冠军和数以百万计的棋迷而言，这栋楼就如同自己家一样。但在两百年以前，这里是贵族的住宅。俄罗斯第一代革命者的代表，1825 年十二月党人起义的参与者经常在这里聚会。而在 20 世纪 20 年代，它被用作**国际列宁学校**的宿舍之一。

主楼和庄园内的附属建筑曾被用作国际列宁学校的学生宿舍

现在这里是果戈里林荫道上最著名的建筑之一

果戈里林荫道 15 号（国际列宁学校宿舍之一）

19 世纪中叶，在这栋贵族的豪宅里，曾住过著名的国王麾下的将军、与拿破仑的战争的参与者、在高加索与波斯作战的俄军指挥官——阿列克谢·叶尔莫罗夫。在创立了莫斯科**国际列宁学校**后，该校的一个宿舍就在这栋楼里。这栋楼现在被作为办公室使用，所有者是一家私人公司。

1926 年，朝向普列契斯坚斯基（果戈里）林荫道的林荫环路

果戈里林荫道 15 号现在的外观

大尼基茨卡娅街 51 号（国际列宁学校宿舍之一）

位于该街号的建筑始建于 19 世纪初，并多次进行过翻修改建。此处曾作为**国际列宁学校宿舍**之一使用。目前，这里是坦桑尼亚驻俄罗斯大使馆。

这是 20 世纪初从库德林广场能看见的大尼基茨卡娅街

和许多莫斯科其他的老私宅一样，这栋楼现在是外国大使馆。目前占用该楼的是坦桑尼亚驻俄罗斯大使馆

沃尔洪卡街 14 号，中央庄园（共产主义学院所在地）

沃尔洪卡街 14 号中央庄园建于 18—20 世纪，曾归戈利岑大公家族所有。十月革命后，在此处设立了**共产主义学院**，为此还增建了两层楼。共产主义学院建立的目的是培养干部并从事学术工作。中国的革命家们经常在这里参加各种辩论，其中有蔡和森、周达文等。共产主义学院内设若干学术研究所，比如世界经济和政治研究所。不久前，这里是俄罗斯科学院哲学研究所的办公地点。目前，这里正在进行维修，然后将移交给普希金造型艺术博物馆。

20 世纪 20 年代共产主义学院的大楼

俄罗斯科学院哲学研究所的入口现在的外观

从院中看该建筑现在的外观

列宁学院及其他…

大花园路 14 号（列宁学院 1930—1934 年校址）

该建筑物建于 1930—1934 年，1938 年移交给从列宁格勒迁往莫斯科的尼·托尔马乔夫军事政治学院。当时该院取名为**列宁学院**，很多中国政治干部曾在此处学习。

目前，该栋建筑物归俄罗斯国防部军事大学使用。

学院的大楼是按杰出的建筑师阿·维·叙塞夫的设计建造的

现在是俄罗斯国防部军事大学，坐落在繁华的花园环路上

奥斯托仁卡大街 53/2 号（红色教授学院校址）

位于此处的皇家中学建筑物建于 19 世纪末。1921—1938 年，根据列宁指示成立的**红色教授学院**曾在此地办公。这家学院在培养科研教师和管理干部方面扮演着重要的角色。中国一些革命者在不同的年代在这里学习过，比如张闻天、卜士奇和郭肇唐。

目前，该建筑物归俄罗斯外交部外交学院使用。

这座奥斯托仁卡大街上的建筑一直都是很有名的教育机构，这是 20 世纪初的照片

红色教授学院的内部装修

目前，红色教授学院的建筑归俄罗斯外交部外交学院使用

亚美尼亚巷 2 号（莫斯科东方学学院 1921—1923 年院址）

莫斯科东方学学院　建立于 1921 年，是在拉扎列夫斯基东方语言学院的基础上，由所有莫斯科东方学教学机构合并而成的。20 世纪 30—40 年代时，学院的许多工作人员都受到肃反运动的影响。学院于 1954 年关闭。

20 世纪 20 年代时，梁坤(音译，尼基塔・伊万诺维奇）在这里工作。1932—1937 年齐世锡(1895 年生，卒年不详)，中国人，朝鲜学者，曾在莫斯科东方学学院工作。

1921—1923 年的莫斯科东方学学院位于亚美尼亚巷 2 号

现在这栋楼为亚美尼亚驻俄罗斯大使馆

大兹拉多乌斯金斯基（大共青团）巷 1 号（莫斯科东方学学院 1924 年院址）

1924 年后，莫斯科东方学学院被迁至大兹拉多乌斯金斯基（大共青团）巷 1 号，紧邻一所修道院（摄于 1917 年以前），修道院后来被拆除

现在这座建筑的照片

马罗谢伊卡街 2/15 号楼（莫斯科东方学学院 1930 年后院址）

20 世纪 30 年代莫斯科东方学学院迁至马罗谢伊卡街街口的 2/15 号楼内

马罗谢伊卡街现在的街景

罗曼诺夫小巷 2/6 号（伏龙芝工农红军军事学院校址）

1921—1936 年，在拉祖莫夫斯基—谢列梅捷沃官邸内设有**伏龙芝工农红军军事学院**。20 世纪 20 年代末，在伏龙芝工农红军军事学院就读的有：刘伯承、左权、屈武、刘云、陈启科、黄第洪 6 人。1992 年改称俄武装力量伏龙芝军事学院。

19 世纪下半叶，该官邸曾为莫斯科市杜马所用，晚些时候变成了狩猎俱乐部。在罗曼诺夫小巷该楼左侧还建有厢房。

目前，该建筑物内设有总统办公厅事务管理局医疗中心。

在 20 世纪 20 年代，从沃兹德维任卡大街（1946 年前称共产国际大街）看过去，这座部署着工农红军军事学院的官殿显得很美

综合楼的左边部分曾是伏龙芝工农红军军事学院。这是现在的外观

圣女广场通道 4 号（伏龙芝工农红军军事学院校址）

1936 年，以米・瓦・伏龙芝命名的伏龙芝工农红军军事学院有了新楼，该楼是按建筑师列・弗・鲁德涅夫和弗・奥・穆恩茨的设计建造的。这栋气势恢宏的大楼是为了显示红军的强大实力和彰显其被国家赋予培养高级指挥官使命的重大意义。之前设在破旧大楼里的几个学院，迁入完全适合教学用途的新楼之后，可以更加高效地培养“二战”时期的本国和外国学生，这其中就有刘亚楼。

现在这里是俄罗斯联邦军队综合军事学院。

伏龙芝工农红军军事学院的毕业标志

1937 年，建在学院新楼上的坦克

大楼现在的外观

第一红色学员街 3/5 号（共产国际“射击”班校址）

18 世纪末在列佛尔托沃区专为叶卡捷琳娜二世修建了叶卡捷琳娜宫。该宫在不同时期曾设有不同的苏联军事训练机构。其中就有共产国际工农红军指挥官高级步兵战术训练班，又称高级步兵校。1927 年秋至 1928 年秋的一年时间里，曾有 30 余名中国革命者在此学校接受军事教育，其中就有刘伯承、田德修(吉合)、王智涛、唐赤英、黄火青、秦超等。此处的苏联军官训练班始建于 1918 年，并一直延续到 1933 年。

目前，该栋建筑归俄罗斯联邦武装力量军事学院使用。

叶卡捷琳娜宫两百多年来都是军事教育机构。“射击”培训班占据了沙皇俄国时期的第一和第二中等军事学校的大楼。这是 20 世纪初的照片

现在的叶卡捷琳娜宫

红色兵营街 2 号（莫斯科共产国际军事工程学校校址）

坐落此处的建筑物始建于 18 世纪末，原是叶卡捷琳娜宫的服务厢房，后来又加盖了两层。**莫斯科共产国际军事工程学校**曾在此处办公。20 世纪 20 年代末期，有 15 名中国人在这里求学，其中包括师哲（1905—1998）。

第三中等军事学校的两层楼兵营在苏联时期被加高

莫斯科共产国际军事工程学校的旗帜

俄国内战时的中国红军战士，他们中的一些人在这里继续接受军事教育

兵营现在的外观

红色兵营街 4/1 号（莫斯科克拉辛炮兵学校校址）

这栋位于列佛尔托沃区的红色建筑物建于 18 世纪，因其颜色涂红（红色兵营），所以整个街道也因此得名。十月革命前，阿列克谢军事学校曾坐落于此。20 世纪 20 年代的时候，莫斯科阿申布连涅尔（民意党党员）陆战学校就设在此处，主要从事陆战部队军官的培训工作。1920 年末，这里设有中国区，人数有 13 人。在整个综合体内，还设有**莫斯科克拉辛炮兵学校**。20 世纪 20 年代末期，解放军首位炮兵司令朱瑞等 60 多名中国人在这里学习。

目前，这栋建筑（列佛尔托沃军城）归享有盛誉的普列奥布拉任斯基特别指挥团使用，负责无名烈士墓执勤工作的仪仗队建制就隶属于该团。

“红色兵营”入口处的经典装饰。20 世纪初时的照片

今天的“红色兵营”

列宁格勒大街 40 号（工农红军茹科夫斯基空军学院校址）

在 18 世纪 70 年代末，按女皇叶卡捷琳娜二世的要求，在连接莫斯科和圣彼得堡两个首都的路上，修建了专为贵宾休息的宫殿——彼得罗夫斯基行宫。这座宫殿成了俄罗斯新哥特式建筑风格的典范，里面住过从圣彼得堡到莫斯科举行加冕庆典的国王。离宫殿不远，在霍登卡广场，曾在 1910 年修建了莫斯科的第一个机场。因此，在苏联政府决定建茹科夫斯基空军学院（自 1925 年起称**工农红军茹科夫斯基空军学院**）时，该学院被设在彼得罗夫斯基行宫中，这座宫殿也曾得名“红色航空兵宫”。20 世纪 30 年代曾在这里培训过中国航空专家。

现在在彼得罗夫斯基行宫中的是一家著名的宾馆，隶属于“莫斯科大都会酒店”集团。

20 世纪 20 年代的红色航空兵宫。从高空俯瞰的外观

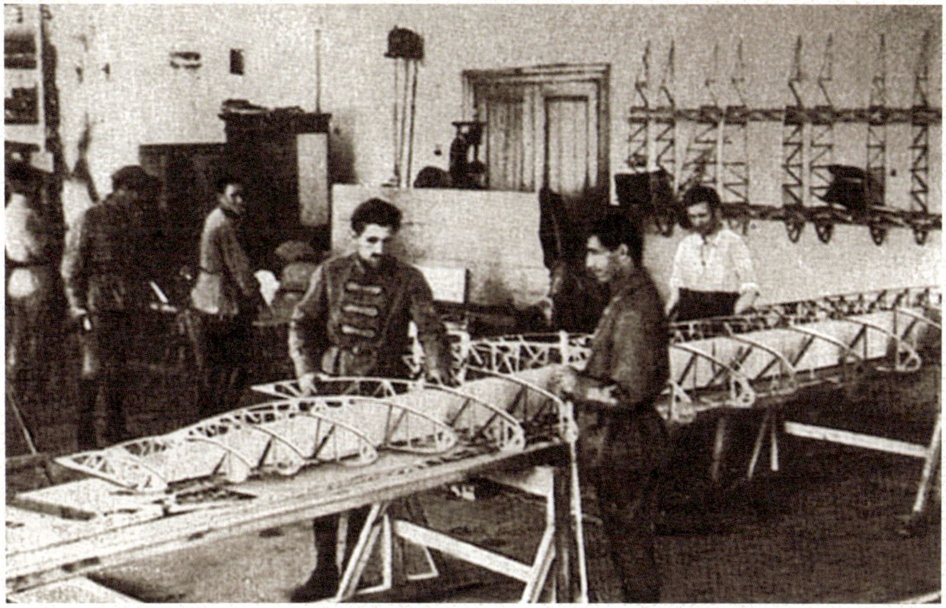

茹科夫斯基空军学院学员在飞机修理室

茹科夫斯基空军学院学员在实习课上

“俄罗斯航空之父”尼·叶·茹科夫斯基教授的纪念碑

彼得罗夫斯基行宫已变成富丽堂皇的宾馆

同志巷30号（工农红军空军特勤军事学校校址）

1925—1938年间，莫斯科有一所培养空军领航员和导航员的军校，名为**工农红军空军特勤军事学校**。1938年，学校更名为莫斯科红旗军事航空技术学校。20世纪20年代时，曾有中国学员在该校学习。

1931年，学校迁往彼得罗夫—拉祖莫夫林荫道20号。

现在这座大楼已被彻底改建，如今坐落于此的，是莫斯科国立苏里科夫建筑艺术学院。

20世纪30年代，学员们在为迎接五一节装饰学校的入口

彼得罗夫—拉祖莫夫林荫道20号的学校建筑

现在学校大楼成为苏里科夫建筑艺术学院的一部分（照片由奥・亚・季马林提供）

谢尔普霍夫十月街 40 号（谢尔普霍夫军事航空空战高等学校校址）

1917 年十月革命后，谢尔普霍夫就成为了红军飞行员培养中心之一，之后也培训过共产国际派来学习的中国飞行员。1922 年航空学校从莫斯科迁至谢尔普霍夫，并更名为“谢尔普霍夫航空歼击轰炸学校”。1923 年 10 月，革命军事委员会将学校改名为“高级军事航空歼击轰炸学校”。1924 年学校培训的飞行员中，有著名的瓦列里·契卡洛夫，他的教练是另一位著名的飞行员米哈伊尔·格罗莫夫。两人因 1937 年成功完成了由苏联至美国的飞行而成为名垂青史的飞行家。

1925 年 3 月，谢尔普霍夫航空学校再次更名为**“谢尔普霍夫军事航空空战高等学校”**。许多毕业生在 1929 年的中东路冲突中表现出色。1927 年学校转移至奥伦堡的基地，但在谢尔普霍夫城留下了一个支队，该支队后来重组为独立的军事飞行员学校。学校机场曾用于新式航空设备的测试。1926—1930 年间，航空学校开始培训来自中国、西班牙、土耳其等国的飞行学员。

基地设在谢尔普霍夫的武拉德其尼修道院。

如今是谢尔普霍夫武拉德其尼维津斯基女修道院。该修道院建立于 14 世纪，19 世纪时是俄罗斯最大的女修道院之一。1919 年被封闭，修道院的房舍交供军事飞行员使用。从此修道院被称为“航空城”，教堂被用作仓库和俱乐部的活动场所，其他的房子则成为了教室、兵营、工场、军官宿舍。1995 年，修道院得以恢复。

谢尔普霍夫武拉德其尼维津斯基女修道院的住房楼

20 世纪 30 年代列队中的谢尔普霍夫航空学校的航空兵学员

老广场 8/5 号（农民国际委员会办公地）

坐落于此地的博亚尔斯基·德沃尔酒店由俄罗斯著名设计师菲·舍赫捷利设计，20 世纪初建成。十月革命后，一些国有机构和党政机关设在此处，其中包括**农民国际委员会**。1928—1931 年，委员会中的中共代表是王若飞。

目前，这栋大楼是行政大厦。

在 1934 年“中国城”的城墙被拆之前，曾是苏联农业人民委员会和农民国际委员会的博亚尔斯基·德沃尔（Boyarskiy Dvor）酒店

现在的外观

沃兹德维任卡大街14号（农民国际农业研究所旧址）

1926—1933年，在建于19世纪末的维·莫洛佐夫官邸内曾设有**农民国际农业研究所**。该研究所主要研究农民问题和资本主义国家、殖民地、半殖民地国家的农业问题。该所所长及东方和殖民地局负责人是维·科拉罗夫。此人是共产国际著名活动家和农民国际委员会的主席。20世纪20年代末至30年代初，王若飞和郭肇唐与农业研究所有过合作。

目前，这栋建筑物归俄罗斯联邦总统办公厅使用。

农民国际农业研究所坐落在革命前属于工厂主维·莫洛佐夫家族的私邸中

这栋楼内部的现代装修

沃兹德维任卡大街 14 号现在的外观

苏联外国工人出版社、革命博物馆 ...

尼古拉街 7 号（苏联外国工人出版社）

苏联外国工人出版社始创于 1921 年。1931—1938 年确定名称为“**苏联外国工人出版社**”。中国一些革命者曾在这里工作过，比如李立三、郭肇唐、廖焕星、刘奇峯、武胡景、武止戈、谢建民、徐介藩、杨明斋。

这栋内设出版社的建筑物，革命前曾属于扎伊克斯帕斯基修道院建筑综合体。目前其内部有各类组织办公。

20 世纪初的照片，从红场望过去的尼古拉街

现在的尼古拉街是步行商业街

特维尔街（高尔基街）（革命博物馆）

市中心的特维尔街（后来叫作高尔基街）上，有一栋18世纪末建造的后古典主义风格的建筑。它原是莫斯科英国俱乐部的所在地，1917年十月革命后开始被用于展览会。首个展览开展于1922年，名为“红色莫斯科”。1924年即在此设立了苏联国立**革命博物馆**。1998年，此馆更名为国立中央俄罗斯现代史博物馆，广受莫斯科市民及外国游客的欢迎。20世纪30年代，前莫斯科中山大学学生、民族殖民地问题研究院研究生陈为一（俄文化名：契诃夫），曾在这里担任讲解员和翻译。

列宁半身像（作者拉夫罗夫，1924年）

1917 年前的英国俱乐部大楼

俄罗斯现代史博物馆（照片由奥·亚·季马林提供）

1917
2017
22.03 - 12.11

莫斯科州，兹韦尼哥罗德市（雷科夫劳动者休养所）

雷科夫劳动者休养所位于萨文诺—斯达洛热夫修道院属地。此修道院是俄罗斯最受景仰的修道院之一。1398年建于莫斯科河兹韦尼哥罗德（距莫斯科50公里）流段高岸的斯达洛什山上，此山又是莫斯科公国天然的防御壁垒。修道院根据兹韦尼哥罗德大公尤里·德米特里耶维奇的请求，由圣·萨瓦主持修建。萨瓦是兹韦尼哥罗德的圣者，也是圣谢尔盖·拉达涅施斯基的首批学生之一。17世纪沙皇阿列克谢·米哈伊洛维奇统治期间，是修道院的全盛期。修道院趁时大兴土木，地位得到提升，一跃而与谢尔盖圣三一修道院齐名。

修道院封闭于1919年。苏联时期，许多机关和部队在修道院原址办公。1928年，这里开设了隶属于苏联全国总工会的**雷科夫劳动者休养所**。莫斯科中山大学的学生曾在这里休养。在五一村举办的中国共产党第六次全国代表大会闭幕后，中国的留学生们整个八月都在这个休养所休息。

战后修道院得到修复，该院的建筑逐渐被移交给了兹韦尼哥罗德博物馆。1997年修士重回修道院生活，博物馆和教堂共用的修道院是受文物保护法保护的房舍。每年都有大量的朝圣者和游客们来参观拜谒这座宏伟而美丽的历史文化遗产。

修道院大门现在的样子

修道院院墙上的大门是修养所的入口（照片摄于20世纪30年代）

莫斯科州，奥金佐沃区巴尔维哈镇（巴尔维哈疗养院）

巴尔维哈疗养院 创建于 1930 年。当时苏联政府决定在克里姆林宫管理局的医疗卫生体系内，建立一个专门收治有代谢及消化器官病症患者的疗养院。疗养院设计图是由伊欧方绘制的（此人也是莫斯科著名建筑“滨河街大楼”的设计师）。疗养院的院址选定在莫斯科近郊、紧挨巴尔维哈村的林木保护区内，疗养院也由此而得名。1935 年，疗养院建成。之后又用了近两年时间，组织对患者的临床观察和配备当时最先进的理疗器械。1937 年，疗养院正式投入使用，为苏联国家和共产国际的高级官员和领导人提供疗养治疗。1938—1940 年，任弼时和周恩来都曾来此参观并休养或治病。

毛泽东本人也于 1949 年 12 月至 1950 年 2 月的第一次访苏期间到此参观。

20 世纪 30 年代巴尔维哈疗养院的建筑

巴尔维哈疗养院现在的建筑

莫斯科州，索尔涅奇诺戈尔斯基区谢列德尼科沃庄园（“穆茨里”疗养院）

古老的谢列德尼科沃庄园建于1775年。1825年，庄园归德·阿·斯托雷平——俄国伟大诗人米哈伊尔·尤里耶维奇·莱蒙托夫的舅爷所有。莱蒙托夫的暑假经常是在这里度过的。19世纪末，商人菲尔三诺夫买下了这座庄园。1917年十月革命后，庄园被收归国有，并在其中开设了“安宁”疗养院。1919年，列宁曾在此休养。1925年，疗养院更名为“穆茨里”（童僧，莱蒙托夫作品名）。20世纪20—30年代，党务活动家曾在此休养，其中就有来自中国的革命者和留学生。

庄园在米·尤·莱蒙托夫后代协会的努力下得以恢复，现在名为“莱蒙托夫遗产”。

20世纪20年代的“穆茨里”疗养院

现在的谢列德尼科沃庄园

伊万诺沃运动街 21 号（伊万诺沃国际儿童院）

苏联基于在世界共产主义运动中的核心作用，要对各国的革命者提供支持，为了关怀职业革命家的子女，建立国际儿童院，让他们在**国际儿童院**（设在莫斯科郊外的莫尼诺和瓦斯基诺居民点）接受教育。这些儿童院中最著名的**伊万诺沃国际儿童院**（Interdom），按时任国际支援革命战士协会中央委员会主席叶·德·斯塔索娃的倡议，于 1933 年 5 月 1 日在伊万诺沃（距离莫斯科 300 公里）开放。后来这个儿童院就以她的名字命名，称为斯塔索娃国际儿童院，又叫作第一国际儿童院。伊万诺沃国际儿童院的特别楼体具有构成主义风格（建筑师尼·伊·博尔胡诺夫），这座楼的外观让人想起镰刀和斧头。

许多被派往莫斯科东方劳动者共产主义大学和在共产国际工作的中国领导人及党务工作者的孩子，都在伊万诺沃国际儿童院学习过。他们当中有毛泽东的儿子和女儿，刘少奇的儿子和女儿，朱德、任弼时、林伯渠、林彪、瞿秋白、邓发的女儿，陈伯达、高岗、萧三、陈昌浩、罗亦农、张太雷和其他许多人的孩子。

1991 年在旧楼的地址上建成了新的综合楼，现在是为孤儿和没有父母监护的孩子所设的“伊万诺沃斯塔索娃寄宿学校”，里面有国际儿童院博物馆。当年先后在这座儿童院受过教育的革命后代保持着友谊，他们定期在北京、莫斯科、伊万诺沃会面，也保存着自己在国际儿童院童年时光的最美好回忆。2013 年，举行了庆祝国际儿童院 80 周年的盛大活动和隆重聚会。

伊万诺沃的工人迎接国际儿童院的第一批学生

如今的伊万诺沃寄宿学校，右上方悬挂的是纪念国际儿童院的纪念匾

伊万诺沃国际儿童院的学生（1944 年）。
其中中国学生有：第一排左三林英，左四李敏，左六于彬；第二排右一李多力；第五排右二肖苏华

1937 年的国际儿童院

1941 年国际儿童院大班的中国学生。

第一排：左一林莉，左二王达娅，左三伍绍云；第二排：左二黄健，左四朱敏，左六刘爱琴；第三排：左一韩铁生，左三林琳，左四毛岸英，左六蔡博，左七毛岸青；第四排：左二苏罗莎，左三郭志成，左四张玛娅，左五蔡转

斯塔索娃儿童院的大楼项目

中国学生们在庆祝伊万诺沃国际儿童院 75 周年的活动上（伊万诺沃市，2008 年 5 月 1—2 日）

2008 年“五一”游行活动，中排左至右为孔东梅、李敏、杨东、李多力、李树华、伍绍元

莫斯科州，罗希诺—彼特罗夫斯基城（第二国际儿童院）

苏联努力为世界各国革命者的孩子提供优秀的教育条件，这项工作由国际革命战士救济会（简称“莫普勒”）具体负责。这样的儿童院起先是设在莫斯科，后来迁至莫斯科郊区的瓦斯基诺庄园（莫斯科州契诃夫区）。最负盛名的儿童院，非伊万诺沃国际儿童院莫属。它是1933年由国际革命战士救济会开设的，曾有许多中国革命者的孩子在那里生活和学习。1936年，在莫斯科郊区莫尼诺（与罗希诺—彼特罗夫斯基相邻的一座城市）原驼鹿皮厂的楼里（该厂存在至19世纪中期，主要从事制革及驼鹿皮裤的生产），开办了**第二国际儿童院**。原来的砖房，被加筑成了双层并清理、装修。根据中国共产党的建议，给中国孩子们修建了专门的住所，布置了充足的学习内容，将他们都从伊万诺沃转移至此。从中国来的儿童，开始不断地送到第二国际儿童院。曾在这里生活、学习过的有毛泽东的两个儿子毛岸英和毛岸青、刘少奇的女儿刘爱琴，以及许多其他中国革命者的孩子。第二国际儿童院在这里办了3年，1941年所有的孩子又都回到了伊万诺沃。

卫国战争时期，在这栋楼里开设了一家预备医院。

莫尼诺的第二国际儿童院（罗希诺—彼特罗夫斯基城）20世纪30年代的原貌

国际儿童院的建筑目前需要修复（大楼现归彼得罗夫斯基有限责任公司所有）（照片由 A.A.安吉诺莫夫提供）

列宁格勒大道 5 号（幼儿园）

在这栋 1917 年建成的楼中有一个幼儿园，曾有中国革命者的孩子在此生活。

1941 年的照片，选自辛玲《黑中白，白中黑》，孩子们坐着的圆形喷泉曾位于大楼的院子中。照片上是幼儿园中班的孩子，年龄约在四五岁，共有 13 人。坐在楼前公园的喷泉旁。第一排从左至右为杨昆、秦威、沃瓦（朝鲜）、爱登（西班牙）、刘霞、赵绮莲、曾芳兰；第二排从左至右为孙玉、林英、于彬、肖苏华、张福、李多力。这张照片摄于孩子们被迁移去伊万诺沃国际儿童院之前不久

幼儿园以前的地址是：列宁格勒大道5号。这是现在的照片
1941年照片中的喷泉没有保存下来

萨良卡街 14 号（幼儿园）

有些中国革命者的孩子，生活在萨良卡街的幼儿园（幼儿园附属于妇婴保护研究所）。这座大楼是莫斯科古典主义风格的著名代表性建筑，先前属于监护委员会，由吉里亚尔基和格里高利耶夫所建，后被幼儿园征用。因为该楼的隔壁就是教会的幼婴堂，一直以来这里就与关爱儿童联系在一起。在很长一段时间里，这栋大楼中还曾坐落着医学科学院，而如今则是俄罗斯科学基金会的所在地。

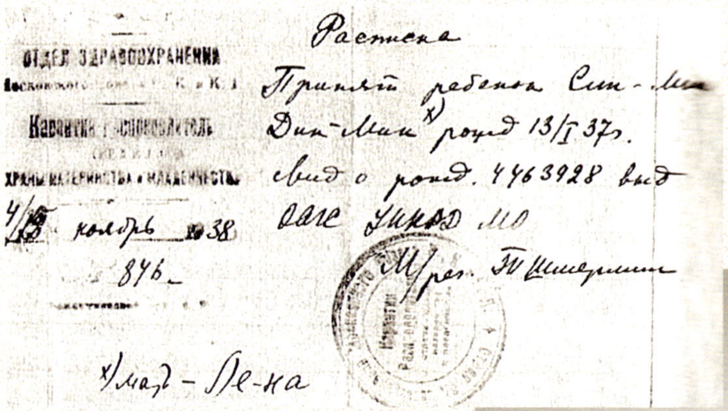

ОТДЕЛ ЗДРАВООХРАНЕНИЯ

Карантин-распределитель

охраны материнства и младенчества

4/ноябрь 1938

846

Расписка

Принять ребенка Син-Ми Дин-Мин рожд 13/I 37г.

свид о рожд. 4463928 выд

Заведующий

x/ мадъ - Ле-ка

选自辛玲《黑中白，白中黑》书中，接收儿童入幼儿园的单据凭证

幼儿园外观

现在在此建筑中办公的是俄罗斯科学基金会

莫斯科工厂及企业…

列宁斯洛博达大街 26 号（“迪纳摩”电机工厂）

在这个地址上坐落着俄罗斯历史悠久的电机生产企业——**“迪纳摩”电机工厂**相关的建筑群。这个由比利时公司于 19 世纪末建起的工厂，在苏联时代生产用于城市和铁路运输的电动机。1932 年，该厂出产了苏联第一台电力机车。在 20 世纪 20—30 年代，莫斯科学校的中国学员还被派到该厂参加劳动以获取生产经验。

现在该厂的生产已经停止。

20 世纪 30 年代的“迪纳摩”电机工厂

在“迪纳摩”电机工厂的车间内

从列宁斯洛博达大街望过去，曾经的“迪纳摩”电机工厂的行政楼

电厂大街 21 号（莫斯科电厂）

这是俄罗斯的第一个变压器工厂——**莫斯科电厂**，建于 1928 年，目标是实现全国电气化计划，并很快成了著名的企业。电厂所在的大街和邻近的地铁站也以厂名命名。20 世纪 30 年代，在厂里有中国工人工作，还有中国工人俱乐部。目前，为确保能源企业的发展，该企业正在不断发展壮大 。

20 世纪 30 年代的莫斯科电厂

现在的电厂

莫斯科鲍曼机械机器制造学院

全俄罗斯最著名且声誉最好的技术大学之一。1830 年建校，当时是莫斯科手工业学校。设计师多米尼克·吉里亚尔基，以帝政风格重建了在拿破仑侵略时被焚毁的斯拉博德斯科伊宫。1918 年前，这所学校名为皇家莫斯科技术学校；1930 年前，为莫斯科高级技术学校；1930—1943 年，更名为**莫斯科鲍曼机械机器制造学院**。在此时期，曾有中国学生受共产国际的派遣，在该学院留学。1931 年时，周叔琴（周肃清，俄文名米申科·瓦西里·彼得洛维奇）就是这些学生中的一员。

现在这所学校的名字是莫斯科国立鲍曼技术大学。

1930 年的莫斯科高级技术学校

莫斯科高级技术学校与 Н.Э.鲍曼的纪念像（作者 А.П.什雷科夫）

中央联合会

在苏联的生活中，各种各样的消费合作社起到了重要的作用。消费合作社在革命前的俄国就已经产生了，主要在农村地区从事批发和零售贸易。形形色色的消费合作社，需要一个非商业机构来做协调工作，这样中央消费合作社联合会（中央联合会）就应运而生了。该会是在诸多消费合作社志愿的基础上组织起来的。

中央联合会，坐落于 1907 年建成的名为“中央联合会宅邸”的漂亮建筑里。该楼由著名建筑师伊万·列勒别勒克设计并建造。目前在该建筑内运营的是“中央联合会宅邸”商务中心。

“红玫瑰”工厂

远近闻名的莫斯科丝绸厂，由法国人日罗于 1875 年出资建成。日罗工厂的工人还曾参加了 1917 年的十月革命。

1924 年，为了纪念德国女革命家罗莎·卢森堡，工厂被命名为“红玫瑰”。1930 年，工厂被更名为罗莎·卢森堡“红玫瑰”联合工厂。

1931 年，一些中国留学生曾在该厂实习。

现在工厂的建筑被改为“红玫瑰”商务区。

阿莫汽车工厂

汽车制造业是20世纪工业领域中一个较为先进的行业，是国家现代工业化的重要标志之一。1917年革命前，就有建设6座汽车制造厂的计划，其中就有一座规划建在莫斯科。汽车厂的建设开始于1916年，但最终没有完工。1918年建立了莫斯科汽车公司（阿莫）。1923年，阿莫厂冠以意大利革命者皮耶罗·费列罗的名字。1924年，阿莫生产出了第一批卡车。1925年，更名为第一国立汽车制造厂。1931年，在第一国立汽车制造厂前，加冠斯大林的名字。1930年，在首任厂长利哈乔夫的推动下，工厂进行了重大的现代化改造。从1956年起，该厂被以伊万·阿列克谢耶维奇·利哈乔夫命名。

中国的学生也像在其他工厂一样，在这里参加了生产实践活动。吴介藩就曾于1930年在阿莫厂从事生产劳动。不仅如此，被派到生产部门劳动还是一种教育手段，往往针对那些被指控对党不忠诚的学生。比如被送到阿莫厂参加劳动的曾仁亮、郭一平，即属此列。

20世纪50年代，曾有许多中国青年来到这座工厂进修实习。其中就有后来的中共中央总书记江泽民。

现在，庞大的汽车制造厂厂区，已属于莫斯科一座新建的住宅小区；而在工厂大楼主门处，则建立了一个冰球博物馆。

阿莫厂生产的第一辆卡车（1924年）

阿莫（吉尔）厂的行政楼，建成于1916年，依照杰出的建筑师K.梅利尼科夫的设计而建。如今这里是冰球荣誉博物馆。右下方的照片摄于20世纪30年代中期

阿莫（吉尔）厂曾经的厂房所在地，如今已规划建设居民小区，这是建筑规划图

正在建设的居民小区

莫斯科冶金工厂“镰与锤”

俄罗斯心脏地区最老最大的工厂之一，由法国的企业家尤里·顾荣出资建于 1883 年，该厂常被人称作“顾荣厂”。革命后到 1922 年，工厂名为莫斯科金属工厂，后来更名为**“莫斯科冶金工厂‘镰与锤’”**。1931 年时，工厂配备了当时最先进的设备，安装了电炉，建造了新的厂房用于熔炼优质钢铁。中国的留学生曾不止一次到该厂实习进修，比如 1928 年，莫斯科中山大学的学生就来到“镰与锤”工厂参加生产实践。

工厂于 2011 年倒闭。目前在原厂 500 公顷的土地上，进行大规模住宅建设，计划于 2022 年完工。

20 世纪 20—30 年代“镰与锤”工厂的行政楼

莫斯科“镰与锤”工厂的平炉车间，正在铸造钢材（库普林绘制，1931 年）

“镰与锤”工厂原厂址的建筑规划图

三山纺织厂

全国历史最悠久的纺织厂之一。在很长一段时间里，一直由普拉霍洛夫家族控制，因而工厂又叫作**普拉霍洛夫三山工厂**（俗称“三山厂”）。“三山厂”的织布工，曾积极地投身到俄国的革命运动中。1918 年，工厂被收归国有。1919—1926 年，成为大型纺织联合工厂“红普列斯尼娅三山工厂”。（苏德）战前时期，也就是在“一五”和“二五”计划时期，这座联合工厂迎来了快速发展的黄金时期。当时，曾有一些中国留学生来到该厂进修实习。如 1930 年，在三山纺织厂的精纺车间里，来自莫斯科中山大学的学生叶立三和她的同学们一起参加了生产实践。

现在纺织厂被迁出了莫斯科，主要的厂房已变成了商务中心。不过在市里还有一个“三山纺织厂”设计中心，中心在 1992 年私有化后成为（独立的）公司。

照片摄于 20 世纪 20 年代末至 30 年代

改建后的照片

莫斯科州，无产阶级镇中央街 7 号（无产者制呢厂）

位于谢尔普霍夫市郊、距莎拉波娃·阿霍达火车站几公里外，有一家制呢（纺织）厂，之前叫作莎拉波夫工厂，1922 年后更名为“**普罗列达里**”（无产者）。工厂所在的小镇也因此更名为“普罗列达里斯基”（无产者的）。无产者厂是一家很大很好的军需制呢厂，厂里曾有近 2000 名工人。20 世纪 30 年代，工厂曾开办了“红梭”俱乐部、足球队、合唱团、幼儿园、新的学校等。

1991 年，同许多其他纺织工业企业一样，无产者纺织缝纫联合公司（这是该厂最后的名字）开始遇到困难，逐渐衰落并于 2005 年停业。如今在厂区和厂房里的是其他企业。

中国的革命者的工作地无处不在，有时令人意想不到。王铁心（俄文名尤拉）的故事就是这样。1934 年，30 岁的他来到苏联东方劳动者共产主义大学学习。他出身于云南省一个大官僚家庭。1930 年，中国共产党将他派到满洲工作，1932 年，在中国加入共产党。在他的东大学习生活开始后，被中共驻共产国际代表团怀疑，原因是认为他在前份工作中犯错太多，有可能是日本奸细。结果 1935 年他被东大开除并发配到谢尔普霍夫的纱工厂做纺织工。遗憾的是，普通纺织工的工作也并没有使他在肃反运动中得到豁免。

无产者制呢厂 20 世纪初的照片

改建后的无产者制呢厂

莫斯科州，苏维埃街 3 号（奥焦雷“工人”棉纺联合工厂）

奥焦雷（湖泊城）位于莫斯科州南部风景如画的奥卡河畔。该城的历史就是一部工业村的蜕变史。它借助纺织业的发展，逐步变为了城市。十月革命后，1921 年开始，奥焦雷城及其周边村镇的工厂被收归国有或与之合并。20 世纪 30 年代末，合并后的企业称为**“奥焦雷‘工人’棉纺联合工厂”**。1934 年，莫斯科东方大学 14 部的联共（布）党员学生谢廷贵（俄文名阿里斯基）曾来此工作。

棉纺联合工厂 1990 年后私有化，2000 年生产停滞。现在该厂区的位置上，正在计划设立奥焦雷工业园。

奥焦雷“工人”棉纺联合工厂的建筑

1917 年后这些建筑归奥焦雷“工人”棉纺联合工厂所有。大楼现在的风貌

大清洗无辜牺牲者墓地及其他…

Москва

哀悼墙

2017 年 10 月 30 日，在政治迫害死难者纪念日的当天，在莫斯科开放了这座名为“哀悼墙”的纪念碑墙，此墙由雕塑家格奥尔基·弗兰古里昂设计制作。出席揭碑仪式的有：俄罗斯联邦总统弗拉基米尔·弗拉基米罗维奇·普京，俄罗斯东正教教会主教基里尔，以及人权活动的积极分子。哀悼墙成为又一个重要的纪念碑，它提醒着俄罗斯国民不要忘记那些难以计数的死难者和受到迫害的人民，不要忘记那些 20 世纪 20—50 年代在苏联因政治恐怖而丧命的无辜牺牲者。类似的纪念碑遍布俄罗斯的各个城市和居民聚居地，这些纪念碑通常竖立在这些无辜死难者的墓地。在这些受难者中，不仅有苏联公民，还有其他国家的人民。当时有很多在苏联生活、学习和工作的中国革命者，被以捏造的罪名监禁、判刑、流放甚至处死。无辜受害者的平反工作，开始于 20 世纪的 50 年代中期，这项工作直到现在也没有结束。

奥尔忠尼启则大街 4 号（顿河公墓）

此处是安葬 20 世纪 30—40 年代政治大清洗期间莫斯科监狱遇难者遗骸的公共墓地，其中有包括中国共产党建党发起人之一俞秀松在内的很多中国人遗骸。为纪念大清洗期间的牺牲者，墓地内建有墓碑。

纪念 20 世纪 30—40 年代政治镇压死难者的石碑

顿河公墓的大门

莫斯科州布多沃镇尤比列伊纳亚街 2 号（布多沃演习场忏悔者教堂）

这个莫斯科近郊地区，葬有 20 世纪 30—40 年代遭政治清洗而被大规模枪决的死难者遗骸。当时，很多中国人也成为斯大林大清洗过程中的牺牲品。目前，在该演习场上建有圣新蒙难者和俄罗斯布多沃忏悔者教堂。此处还立有纪念十字架和追忆纪念综合体。

种在埋葬地点的鲜花

缅怀 20 世纪 30 年代恐怖镇压时死难者的纪念十字架

为纪念 20 世纪 30—40 年代被处决者而建的教堂

布德勒监狱（又名布德勒卡）

俄罗斯最古老的监狱之一，根据建筑师马特韦·卡扎科夫在18世纪70年代设计的**“布德勒监狱”**建造而成。1879年该监狱曾进行改建，但监狱内部的建设一直没有停止。苏联时期，布德勒监狱被用来拘留和羁押犯人。1937—1938年，曾有数万名囚犯在此服刑。其中有很多被迫害的中国革命者，如李次白（即沈良，俄文名恰雷金）、罗佐（又名苏昌德，音译）、王辰（音译）、苏飞（音译）、杨光华（音译）、张旭升（列德尼科夫）、黄菊（伊思多明）、刘慰民（格拉尼茨、加米涅夫）、胡鹏举（加曳沃伊）等许多人。

现在该监狱叫作莫斯科城市第二拘留所。从1971年起在监狱里设立了博物馆，该监狱作为历史和建筑文物被政府保留了下来。

旧监狱的门廊

旧监狱的建筑

布德勒监狱现在的建筑

卢比扬卡广场上的俄罗斯联邦安全局大楼（照片由奥·亚·季马林提供）

克格勃内部监狱“卢比扬卡”

内部监狱设在政府安全部门的建筑群中，该建筑群坐落在卢比扬卡广场（1926—1991 年为“捷尔任斯基广场”），位于卢比扬卡街和米亚斯尼茨基街中间。1919 年两栋收归国有的出租公共住宅楼被移交给全俄肃反委员会，这两栋楼是由俄罗斯保险公司于 1897—1902 年期间建设而成，被小卢比扬卡巷隔开。这些楼后来又被全俄肃反委员会的后身——国家政治保卫局、国家政治保卫总局、国家安全部、苏联部长会议国家安全委员会（克格勃）所用。该建筑群多次进行重要的改建和加建，因而夹在原有两栋基础建筑中的小巷变成了一个内院。

1920 年，在位于小卢比扬卡巷的建筑里开始设立内部监狱，用来关押特别重要的受讯者和罪犯。这个内部监狱一直被使用到 1961 年。

在大清洗时期，卢比扬卡甚至拘押了一些重要的中国共产党党员。如李立三 1938 年曾被逮捕羁押于此，他是 20 世纪 20 年代末 30 年代初中国共产党的领导人之一。两年后他被释放，并返回了中国。

大楼对面的广场上安放着纪念政治迫害遇难者的纪念石，也被称作“索洛文茨基石”（因为 20 世纪 20—30 年代在白海群岛上的索洛文茨基修道院，曾坐落着最早且最著名的政治犯集中营之一）。1958—1991 年，在广场上竖立着捷尔任斯基的雕像，现在它被移到了“姆泽翁”（古希腊语为艺术殿堂）艺术公园。

现在这座建筑已属俄罗斯联邦安全局建筑群中的一部分。

20 世纪 20—30 年代国家安全机构（全俄肃清反革命及国家政治保卫总局、人民内务委员部）
占用的是被小卢比扬卡街分隔开的两栋建筑

内部监狱的牢房

人民内务委员会工作人员在上射击课

索洛文茨基石

20 世纪 30 年代，就开始对卢比扬卡广场上的建筑进行改建。最大规模的改造工程始于第二次世界大战后，结束于 1983 年。改建后的建筑保留对称的正面部分，并保留了内部的布局

第二部分

圣彼得堡（列宁格勒）

俄罗斯帝国的首都，1703 年由彼得一世皇帝下令建造。1924 年，为了纪念 1917 年十月革命的领袖而被命名为列宁格勒。1992 年改回历史上的名字——圣彼得堡（1914—1924 年该城曾被称为彼得格勒）。在长达三百年的建城史中，它一直都是国家政治、文化和经济生活的中心。城中有许多与 20 世纪 20、30 年代在此居住过的中国革命者相关的建筑、机构和企业。

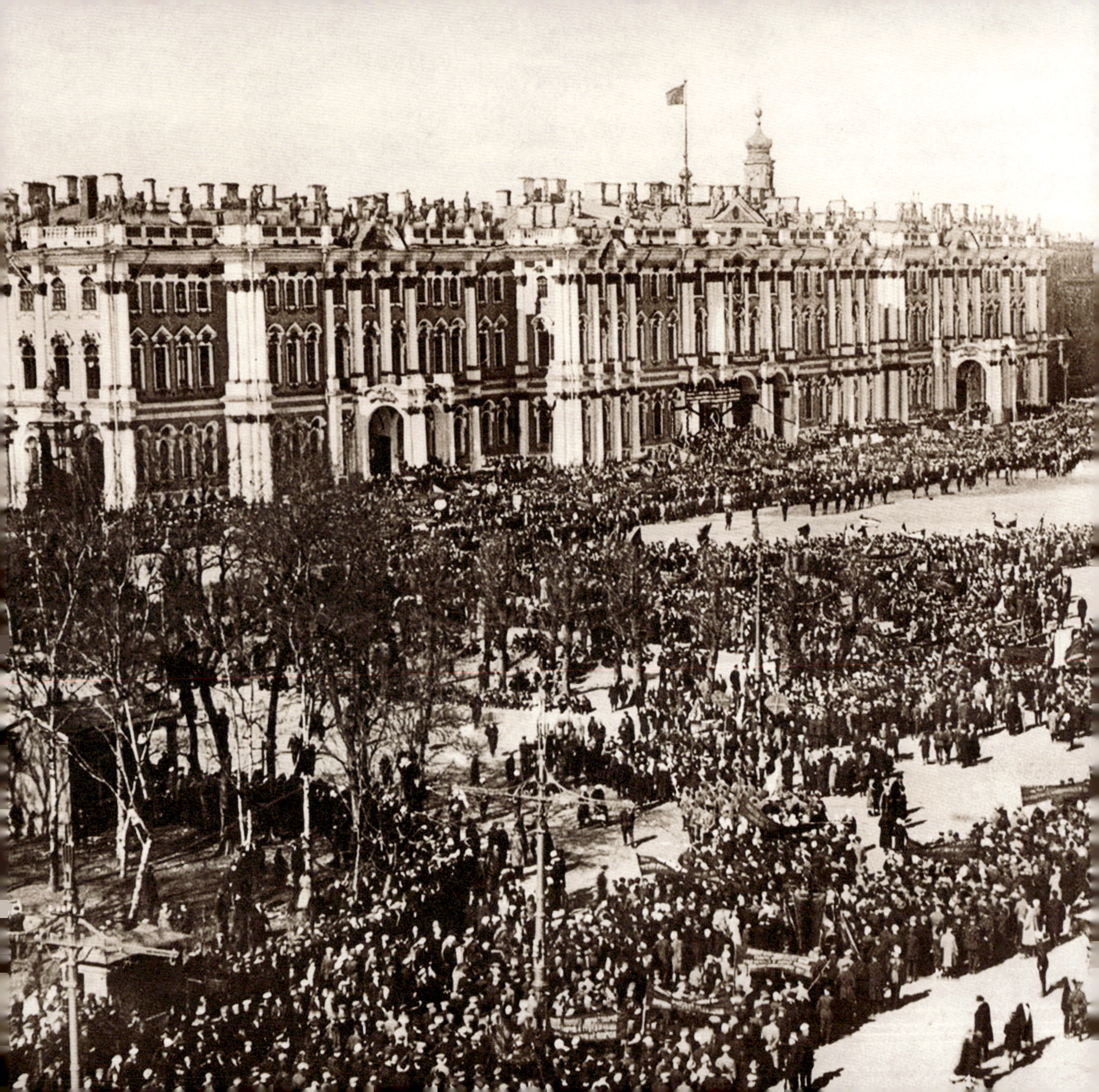

Санкт-Петербург–Петроград–Ленинград

圣彼得堡－彼得格勒－列宁格勒－圣彼得堡

官殿广场：左边照片拍摄于 1928 年 11 月 7 日，右边照片于 2017 年

СБЕРБАНК РОССИИ
Основан в 1841 году

Петроград-Ленинград-Санкт-Петербург

彼得格勒 – 列宁格勒

今天的涅瓦大街

100 年前的涅瓦大街

КОНРАДЪ ЯРНУШКЕВИЧЪ и К°

共产国际代表大会…

什巴里尔纳亚大街 47 号，塔夫利宫（国家杜马办公地，共产国际第二次代表大会开幕式举办地）

此处经典主义风格的建筑物，是 18 世纪末为女皇叶卡捷琳娜二世宠臣波将金修建的。在俄罗斯历史上，塔夫利宫扮演过特别的角色。1906 年，这座宫殿成为国家杜马的办公地点。1917 年二月革命后，是临时政府的属地（至 1917 年 7 月）。此外，这里还曾设有彼得格勒工人代表委员会。

1920 年 7 月 19 日，在塔夫利宫（时称乌里茨基宫，以牺牲革命者名字命名）隆重举行了**共产国际第二次代表大会开幕式**；1922 年 2 月 2 日，举行了**远东人民第一届全会闭幕式**。

目前，此处归独联体成员国跨议会大会总部使用。

弗·伊·列宁在共产国际第二次代表大会上发言

现在的塔夫利宫

伊萨克·布罗茨基的绘画作品“共产国际第二次会议隆重开幕”（1924 年）

斯莫尔尼街 1 号，斯莫尔尼宫（共产国际第二次代表大会第二次会议举办地）

斯莫尔尼贵族女子学院由圣彼得堡著名建筑师夸伦吉于 19 世纪初设计而成。后来成为十月革命总部。1917 年 10 月，这里举行了第二次全俄苏维埃代表大会，作出了推翻临时政府的决定，并宣布成立以列宁为首的人民委员会。

1920 年 7 月 19 日，在斯莫尔尼贵族女子学院议事大厅举行了**共产国际第二次代表大会第二次会议**。

目前，该建筑物归圣彼得堡市政府和办公厅使用。

共产国际第二次代表大会的代表们在斯莫尔尼宫旁举行隆重会面。1920 年时的照片

现在的斯莫尔尼宫

柴可夫斯基街（1923年前为谢尔盖耶夫街）22号（旅俄华工联合会办公地）

著名的罗什卡列家族把几间房子出租给中国外交使团作为办公场所。后来由于驻苏维埃共和国的中国大使被召回，使团也随之离去。1918年12月，这个地方被“**中华旅俄联合会**”占用，很快该协会更名为“**旅俄华工联合会**”，会长是毕业于圣彼得堡大学的刘绍周（又名刘泽荣）。刘绍周后来参加了共产国际的一大和二大，很受列宁的信任。在人民外交事务委员会发给刘绍周的证件上，列宁以自己的名义写道：“我个人恳请苏维埃的机关和政府给予刘绍周同志一切可能的帮助。”

1918年之前，中国大使馆曾在照片左侧边缘的建筑里办公。现在是居民楼

皮罗戈夫巷 7 号（列宁格勒东方语言学院）

俄罗斯的北都一直都是亚洲尤其是中国语言和文化研究的中心。这里集中了该领域的许多学术和教育机构。1920 年，根据俄罗斯苏维埃联邦社会主义共和国人民委员会的法令，建立了**中央东方语言学院**。1920—1925 年，学院设在彼得格勒一栋建于 1904—1907 年（由勃列施科设计）的典型的出租楼中。后来学院被迁至位于马克西米利安诺夫巷（1952 年后更名为皮罗戈夫巷）7 号的革命前的国家监察院的大楼中。这幢建筑是 1891—1892 年由建筑师纳什盖尔设计建造的（后来又有所增筑）。校名最终于 1927 年定为**列宁格勒东方语言学院**，迁至布洛欣街（曾用名教会街）17 号。直到 1938 年，肃反时大量的教师被捕后学院关闭。在学校存在的这些年中，对社会曾做过许多有益的工作。中国的党员专家对学院工作作出过重要贡献，其中有担任翻译和教师的曹靖华和傅明（即张景增）、给一年级新生编写汉语教材的黄仲哲（俄文名：普霍夫）。

皮罗戈夫巷 7 号建筑。在这栋楼里曾有过许多组织和机构，其中就有俄罗斯修复者协会

布洛欣街（曾用名教会街）17 号（列宁格勒东方语言学院）

布洛欣街 17 号，现在是居民楼
（照片由 A.A. 科托夫提供）

大学沿河街 11 号（列宁格勒国立大学语言文学系）

圣彼得堡大学的汉语研究与教学，有着悠久而光辉的历史。然而在 20 世纪 20—30 年代的校史中有过不少变革。1919 年前汉语教学是在史哲系进行的，后来该系改组为社会科学系，1925 年又变为语言与物质文化系。1931—1937 年人文科学系一度被划分到了独立的列宁格勒历史、哲学和语言学院，后来又并了回来。1936 年，恢复**列宁格勒国立大学语言文学系**。1717—1727 年，由著名建筑师多米尼克·特列兹尼设计建成的、位于涅瓦河畔的彼得二世宫殿，则成为语言文学系（后来的东方系）的教学大楼。1928—1932 年，杰出的汉语—汉学家及翻译家曹靖华曾在这里任教，1933 年回国。此外，朝鲜族的汉语—汉学家滕航凌（音译）也曾在此任教。滕航凌是 1932 年的联共（布）党员，他为教学编写了一本汉语课本。

从涅瓦河畔另一侧眺望圣彼得堡大学语言文学系与东方系的教学楼

东方系楼内庭院中的孔子像

交易所线 1 号（科学院东方学研究所）

纪念建筑——科学院图书馆在 1914 年的第一次世界大战开始前夕建于瓦西里岛。但图书馆在 1925 年才正式对外开放。图书馆建筑曾是住宅，于 1930 年在亚洲博物馆的基础上建成了**科学院东方学研究所**。在研究所中曾有中国专家工作，如张京江（俄文姓名为斯特里耶夫斯基）。

在该建筑内的科学院图书馆仍继续对外开放。

科学院图书馆竣工。1925 年的照片

如今的科学院图书馆

马卡洛夫沿河街 8 号（列宁军政学院）

1925—1938 年，托尔马乔夫军事政治学院曾在此处办公，中国劳动者大学的很多毕业生在这里接受过训练。其中有萧劲光、傅钟、蒋经国等。后该院于 1938 年迁往莫斯科，并更名为**列宁军政学院**。

这栋新经典主义风格的建筑于 1913—1915 年建成，归贸易和工业部使用。

目前，该楼归赫鲁廖夫将军后勤保障军事学院使用。

如今从小涅瓦河望过去的学院大楼

如今从马卡罗夫沿岸大街看过去的学院大楼

花园路（列宁格勒国际步兵学校）

中国的共产主义者（主要是来自莫斯科中山大学和东方大学）曾被派往列宁格勒的军事院校学习。据现有资料显示，曾有数人于1927年被派往**列宁格勒国际步兵学校**学习。总的看来，资料中所说的就是列宁格勒红旗步兵学校。1926年，该校由**国际红旗军事学校**和**第一列宁格勒步兵学校**合并而成。列宁格勒国际步兵学校曾在1922年卡累利阿的反芬兰入侵者战役中，赢得了很高的荣誉。该校的教职工中很多人都是前芬兰赤卫队的军人。凭借这些功勋，国际学校获得了红旗勋章。在两校合并时，国际学校的旗帜成为联合学校的荣誉旗。

国际红旗军事学校　坐落于旧武备中学的大楼中。这座雄伟的建筑，建成于1730—1740年，由杰出的建筑师多米尼克·特列兹尼设计建造。1917年6月，在武备中学的大礼堂中，召开了第一次全俄苏维埃代表大会。正由于此，该建筑所在的位于瓦西里耶夫斯基岛上的这条街，在苏联时期被叫作代表大会街。

第一列宁格勒步兵学校　占用的是18世纪中期建成的前沃龙佐夫宫。这座宫殿是伟大的建筑师拉斯特列里的杰作。后来由著名建筑师乍科莫·科瓦棱基和施塔乌别勒特负责修建完成。1918年以前，俄罗斯最负盛名的军事学校——贵族子弟军官学校就坐落于此宫殿中。

中国的革命者们，当年可能先是在这两所军校之中的一所学习，后来这两所军校合并为列宁格勒红旗步兵学校。联合步兵学校的主楼位于花园路上，它最后的名字，是曾获得两次红旗的基洛夫圣彼得堡诸兵种高级指挥官学校，该校于1999年关闭。如今在这座建筑中的是圣彼得堡苏沃洛夫军事学校。

位于瓦西里耶夫斯基岛武备街道的国际步兵学校大楼(照片由 A.A.科托夫提供)

国际红旗军事学校旧址

1918年平定左派社会革命党人暴动后的沃龙佐夫宫。
第一列宁格勒步兵学校旧址

如今的沃龙佐夫宫

苏沃洛夫大街 32 号（列宁格勒联合军事通信学校）

这栋建筑建于 20 世纪 20 年代初期，为旧俄时代的军事高等院校——帝国尼古拉耶夫军事学院而建。十月革命后，继续被用作军事训练目的——这里自 1928 年以来就成为培训红军通信兵的学校。它们的名称和结构都被多次变更，但其中最有名的，是以列宁格勒委员会（1932—1937 年）命名的**列宁格勒联合军事通信学校**，通常被简单称为**列宁格勒通信学校**。20 世纪 30 年代，这里曾培训过中国的部队通信兵。

现在这里是以苏联元帅谢·米·布琼尼名字命名的布琼尼军事通信学院。

20 世纪初的帝国尼古拉耶夫军事学院大楼

现在的布琼尼军事通信学院的大楼

列别捷夫院士路 Ж 区（科学院主楼）（苏联国防部军事医学院）

苏联国防部军事医学院　过去和现在都是俄国最负盛名的军事医学院校之一。该院于 1798 年，由保罗一世皇帝下令开办。苏联时期，学院以谢尔盖·米隆诺维奇·基洛夫的名字命名。在整个办学期间，学院都是最大的医疗机构和最高水平的军医干部的培养中心。1930—1936 年，1925 年入党的中共党员、莫斯科中山大学的学生杨海清，曾在此做外科大夫。

学院的建筑群气势恢宏，具有极高的历史和文化价值。该建筑群被联合国教科文组织认定为世界文化遗产，受国家保护。

学院的建设开始于 1799 年，设计师为安东尼奥·波尔多，1809 年在沃罗尼金负责下完工。

1917 年前的军事医学院主楼

军事医学院主楼近照（照片由 A.A.科托夫提供）

第一红军路1号（重工业人民委员会军事机械学院）

这是一所全俄最负盛誉的技术型大学之一，它的学生和毕业生习惯称之为“军事机械”。1930年在列宁格勒建校，当时名为“机械学院”，1932年更名为**“重工业人民委员会军事机械学院”**，从此人们开始称它为“军事机械”。在其数十年的校史中，为国家的国防工业培养了大批的高水平人才。与此同时，学院还积极从事科学技术的研发工作。20世纪30年代，一些中国留学生受中共驻共产国际代表团的派遣，在该校学习。其中就有联共（布）党员、山东人余文鑫（音译）。

1997年学院升格为大学，更名为乌斯金诺夫波罗的海国立军事机械技术大学，在新的校名中仍保留了大家所习惯的称呼。

军事机械学院曾坐落于原手工业学校的楼中
（照片拍摄于20世纪初）

如今军事机械学院的主楼

日丹诺夫街 13—15 号（红色空军军事技术学校、红色空军军事理论学校）

1917 年十月革命后，这所 19 世纪建立的第二武备学校大楼换了主人。20 世纪 20 年代起，在这片建筑群中并列着两所空军学校：**红色空军军事技术学校和红色空军军事理论学校**。这两所学校，都曾招收过中国学员。30 年代时，**红色空军军事技术学校**作为全国最好的空军军事技术院校而闻名。1934 年学校被更名为“伏罗希洛夫工农红军技术人员进修班”。1938 年 5 月进修班改组为“伏罗希洛夫第一列宁格勒空军技术学校”。

红色空军军事理论学校，1933 年更名为“第五红军空军机械师学校”。1938 年改组为“第二列宁格勒空军学校”。

如今在这里的是莫扎伊斯基太空军事学院。

教师家属也曾在星期六义务劳动时帮助清洗教学机棚中的飞机（摄于 20 世纪 30 年代）

莫扎伊斯基太空军事学院（照片由 A.A. 科托夫提供）

罢工大道 47 号（基洛夫工厂）

俄罗斯帝国最大的机器制造企业之一，是首都的普基洛夫工厂。建立于 19 世纪初，如今已发展成为产品门类多且产能高的大型企业。军工生产的重中之重，自然是火炮和军舰。普基洛夫工厂的工人们，曾在 1905 年和 1917 年的两次革命中扮演了重要的角色。1918 年工厂收归国有，1922 年更名为**“红色普基洛夫人”**工厂，在新厂名中保留了工厂的原厂主、成功的经理人普基洛夫之名。1934 年列宁格勒布尔什维克党人的领导者基洛夫被刺杀后，这个著名的企业更名为**“基洛夫工厂”**，此名一直沿用至今。现在工厂生产核动力破冰船的相关设备、大型拖拉机等其他技术设备。

1931 年，中国留学生曾组队参观“红色普基洛夫人”工厂和其他“一五”计划期间建设的项目。他们研究工厂设备，同工人们交流并了解工厂的生产、生活情况。

1950 年 1 月 15 日，中共中央主席、国家主席毛泽东同志曾参观基洛夫工厂。

20 世纪 30 年代的基洛夫工厂正门

基洛夫工厂现在的厂房之一

大萨姆普索尼耶夫斯基大街30号（俄罗斯柴油机厂）

1862年创建的实业企业“柳德威克·诺贝尔”，是俄罗斯第一家也是最大的柴油发动机生产商。20世纪初时，该工厂生产的船舶用发动机，催生了新的水上交通方式——柴油机船。1917年工厂收归国有，1919年更名为**“俄罗斯柴油机厂”**。自此，船舶用柴油机成为工厂的专攻产品。

十月革命前，工厂生产潜水艇（“七鳃鳗号”“鲨鱼号”“雪豹号”）和油轮的发动机。革命后，俄罗斯柴油机厂仍是全国最重要的机器制造厂。第二次世界大战前，该厂为“巡洋舰”型潜水艇、“斯维特兰娜”型轻型巡洋舰、油轮和其他类型的船只船舶生产发动机。

中国的革命者曾在俄罗斯柴油机厂工作，1929—1937年，中共及联共（布）党员王皋（音译）在这里做钳工。

2000年，工厂宣布破产并关闭。工厂文献和人员转至金吉谢普机器制造厂。

俄罗斯柴油机厂楼（照片由 A.A.科托夫提供）

第三部分

远东及西伯利亚

美丽的港口城市符拉迪沃斯托克，曾经在20世纪20—30年代的中苏革命者关系史中，起到过非常重要的作用。符拉迪沃斯托克既是俄罗斯在太平洋的海上门户，又是横贯西伯利亚大铁路的终点站（西伯利亚干线），还是与中国一江之隔的近邻——俄罗斯滨海地区军事、政治、经济和文化的中心。

为了展示俄罗斯帝国在首都莫斯科两千公里之外的远东边界确立其统治的雄心，1860年作为海军港口建城伊始，就取了一个富含野心的名字——符拉迪沃斯托克（俄语意为“统治东方”）。1888年起，符拉迪沃斯托克成为俄罗斯帝国滨海边疆州首府，1938年起，为苏维埃社会主义共和国联盟滨海边疆区首府，1991年起，为俄罗斯联邦滨海边疆区首府。

符拉迪沃斯托克在中苏革命者的关系史中，起到过重要的交通枢纽作用。载有中国革命者的轮船接连不断地从中国和日本驶到符拉迪沃斯托克港，他们由此经西伯利亚干线奔赴莫斯科和列宁格勒。待完成学习或者其他革命任务之后，对绝大多数的中国革命者而言，符拉迪沃斯托克又是他们回国的路途中的重要枢纽。

共产国际下设的教育机构有孙逸仙中国劳动者大学，即莫斯科孙中山大学，简称“中大”，1928年更名为中国劳动者共产主义大学，简称“共大”；东方劳动者共产主义大学，即莫斯科东方大学，简称“东大”；国际列宁学校。中国的革命者在上述三所大学毕业之后，有一部分人被派往符拉迪沃斯托克的高等教育院校、各级别的中国学校以及新闻媒体工作。这些受过专门训练的干部，对滨海地区和符拉迪沃斯托克的宣传组织工作而言，具有重大的意义。自19世纪末起，在这一地区就形成了广大的华侨群体，在他们之中急需有人来做政治工作。1926年时的滨海地区共计有超过7万名华侨（当时在苏联的华侨总数超过10万人），他们之中的约半数都在符拉迪沃斯托克生活和工作。在符拉迪沃斯托克曾出版过5份中文报纸，还建立过针对中国人的社会政治教育体系及各种工会组织。东大、中大和国际列宁学校的毕业生们积极地投身其中。1929年至1931年，在远东的中国共产主义者人数增长了4倍。中共党员及华人联共（布）党员在符市和边疆区的众多机关、组织中工作。

与此同时，自20世纪30年代中期开始，苏联政府在滨海地区和符拉迪沃斯托克推行削减华人数量的政策。在30年代末，苏联政府对华人（也像对朝鲜人一样）展开了民族驱遣行动。在肃反运动中，有大量居住在滨海边疆区和符拉迪沃斯托克的中国革命者遇难。他们中的大多数都在20世纪50年代获得平反。对他们的纪念，是苏联政治恐怖中无辜遇害者纪念的一部分，将会在俄罗斯的记忆中永远地保留下来。

Владивосток

符拉迪沃斯托克（海参崴）

普希金街 10 号（国立远东大学，国际师院校址）

这座位于城市历史中心的美丽建筑建于 1886—1889 年，是建筑师格沃兹多夫斯基为第一所俄罗斯远东的高等教育院校——东方学院设计的。学院于 1899 年开始招收学员，开创了系统研究俄国邻邦语言和文化的先河。汉语研究在这里受到特别重视。但后来，因为未能克服经济上的困难，学院被迫停办。

同样在这座楼中，1920 年开办了**国立远东大学**（至 1930 年停办）。在东大和中大学习过的中国共产党员李国士（俄文名萨布罗夫）曾在这里任教。

1931—1933 年，**远东（国际主义）师范学院（国际师院）**曾在这座楼里办公。该院有中国、朝鲜两个分部。这里 4 年制的教育教学为滨海地区的中国和朝鲜学校培养了大批师资力量，学生们用母语进行学习。

1931 年 6 月 25 日，由远东边区执行委员会（远边执委）作出了建立国际师院的决定。但 1933 年中国部被关闭（中国部部长为张锡俦，俄文名顾伊斯基·伊万·尼古拉耶维奇），原因是缺少足够的汉语教师。于是中国的教师们被调到边区列宁中国高级学校。国际师院则成为朝鲜师范学院，并存续至 1937 年。

如今这座建筑是远东技术大学的主楼。1907 年，建筑的正门入口处摆放着由驻符拉迪沃斯托克中国政府代表赠送的石狮子

照片摄于 1937 年

斯维特兰（列宁）街 20 和 22 号（远东边区列宁中国高级学校校址）

远东边区列宁中国高级学校（1933—1938 年）曾对中国干部的培养，起到过重要的作用。它的前身，是以苏兆征命名的滨海省苏维埃党校的中国部。该部建于 1925 年，1929 年改组为边区中国苏维埃党校。最终，1933 年 1 月 25 日根据联共（布）远边委书记处的决议，该校与哈巴罗夫斯克市的远东共产主义大学，共同组成了位于符拉迪沃斯托克市的远东边区列宁中国高级学校。在当时是一所规模较大（1936 年在校生为 281 人），同时具有较高师资水平的院校。教师中的多数人是俄共(布）或中共党员，另有 16 名教师毕业于莫斯科东方大学，还有 3 名曾参加过 1911 年的辛亥革命。

学校的两任校长都毕业于莫斯科东方大学。首任校长是程道南（俄文名斯达甘诺夫·格奥尔基·伊里奇)。程道南是中国共青团团员及中共党员。东大毕业后被派往符拉迪沃斯托克的中国联合党校，任马列主义课程的教员。在联合党校重组为列宁中国高级学校后，至 1933 年 9 月任该校校长。

后来程道南的位置由张锡俦（俄文名顾伊斯基）继任。张锡俦是 1926 年 10 月由中共中央派赴苏联入莫斯科东方大学学习，毕业后他本应回国工作，但由于 1929 年的中东路事件，共产国际决定将其留在远东边区工作。1933 年 1 月至 10 月，张锡俦任国际师范学院中国部部长，在国际师范学院与中国苏维埃党校合并后，出任远东边区列宁中国高级学校校长。

照片由 B.K.阿尔先耶夫博物馆提供

现在坐落于斯维特兰街20号的是滨海国立阿勒谢尼耶夫联合博物馆，学校于1935年迁移到他处。这座漂亮的建筑建于1903—1906年

整个远东地区都活跃着列宁中国高级学校毕业生们的身影。例如，1934—1935 学年的毕业生中就有在伏罗希洛夫市初级华人学校任教的唐文宇（音译）；在《工人之路》报社工作的吴仁振（音译）；在布拉戈维申斯克初级中国学校任校长的刘瑞英（音译）；在远东国立大学东方系教授汉语的张友仁（音译）。1937 年的毕业生中有 5 人被远东红旗特别军调用，9 人赴华人小学或初中任教，4 人分任符拉迪沃斯托克、伏罗希洛夫、布拉戈维申斯克、哈巴罗夫斯克四市的华人群众工作俱乐部副主任。

学校的毕业生们还被派往滨海州人民教育厅和州执委、区执委做指导员。近半数的毕业生被派往军事和国防机构（从事特殊工作）。例如，1934—1935 学年的首批 61 名高等和中等的毕业生中就有 23 人被安排从事特殊工作。

学校的主楼是位于斯维特兰大街（1924—1992 年称为列宁街）与阿列乌特街（1924—1992 年称为 10 月 25 日街）交会处的这栋建筑（1922 年前的照片）。但该建筑没有保存下来。1983 年在此地建成了滨海边疆区政府大楼

海军上将佛金路（原名北京路）1号（五一中国劳动者俱乐部旧址）

五一中国劳动者俱乐部 1924 年开设于符拉迪沃斯托克北京路 1 号的一座二层建筑中。俱乐部存在至 1938 年。1926 年时俱乐部的主任为王宏雄（音译）。

为欢送 20 世纪 20 年代许许多多的由符拉迪沃斯托克转赴莫斯科的中国学生们，俱乐部为他们筹备了一场又一场有趣而难忘的欢送会。俱乐部积极开展政治工作，举办过各种华人工会及党组织的活动。俱乐部配备扩音器、电影放映机、体育器械，俱乐部旁边还建有小型体育场。俱乐部下设戏剧小组、体育小组、合唱小组、知识小组和军事小组。俱乐部有一个藏书近 25000 卷的图书阅览室，其中不少是中文书籍。俱乐部最重要的任务之一是教育居住在符拉迪沃斯托克市华人区（被称为“百万庄”）的居民。该区主要是贫民区，部分历史建筑一直保留至今。

在该照片中可见到俱乐部大楼

ЭЛЕКТРОННЫЕ СИГАРЕТЫ
OCTOPUS
274-84-91
ШОКОЛАДНИЦА
СТОМАТОЛОГИЯ

俱乐部现照

海洋大道 18 号（中国列宁学校校址）

在符拉迪沃斯托克还曾有一所俄罗斯苏维埃联邦社会主义共和国人民教育委员部下设的**中国列宁学校**，专门培养中国工人出身的政治工作者和教育工作者。该校一直存在至 1937 年，因为在这一年几乎所有的教师和学生都因为从事所谓的日本“间谍活动”的罪名而被捕。中国列宁学校使用的校舍原本属于切列班诺夫教区女子学校，原本一层的建筑后来被增筑为两层，且在其中开设了法捷耶夫边区图书馆。现在该建筑改建后成为一家银行。

20 世纪 30 年代的法捷耶夫边区图书馆

改建后的现照

游击大道 37 号（共产国际符拉迪沃斯托克步兵学校校址）

共产国际符拉迪沃斯托克步兵学校 曾坐落于此。起初这所军事院校的校名为鄂木斯克第 24 步兵指挥官学校，学校 1921 年开办于鄂木斯克，1923 年该校迁至符拉迪沃斯托克。

学校旨在为红军部队培养指挥人才。该校的教师队伍具有很高的职业素养。校内设有培养外国学员的情报系，招收中国人、朝鲜人和日本人。

符拉迪沃斯托克步兵学校位于鹰山山坡上的军营区，校舍的墙壁上挂有纪念牌。

1934 年该校迁回鄂木斯克，成为以伏龙芝命名的鄂木斯克步兵学校的组成部分。

20 世纪 30 年代共产国际符拉迪沃斯托克步兵学校的学生在操练

共产国际符拉迪沃斯托克步兵学校原总部大楼

远边工厂街 2 号（远边工厂旧址）

中国的革命者们积极地在符拉迪沃斯托克的华工中开展工作。当时在符城的企业中有超过 2000 名华工，其中的 120 人在 1887 年建立的符城最大的造船企业“远边工厂”工作，该工厂中还曾有中国共产党和工会的支部。

目前该企业的名称为“远边工厂”船舶修理中心，是俄罗斯太平洋舰队的主要维修和护理基地。

旧工厂的行政楼还基本保留着原来的样子。

20 世纪 20 年代的工厂行政楼

如今的“远边工厂”行政楼

“远边工厂”码头原址

如今的“远边工厂”码头

符拉迪沃斯托克商贸港

符拉迪沃斯托克商贸港不仅对符城，而且对俄罗斯都具有非常重要的意义。

金角湾上的商业港始建于 1897 年，1909 年该港开始称作商贸港，也是从那时起不断地发展至今。

20 世纪 20 年代时曾有近 400 名华人在港口做装卸工，因此这里还有他们的工会组织和党支部。厂里为中国工人们开设过 1 个联共（布）党史研究小组，12 人曾是其中的积极分子。3 个联共（布）预备党员的培训班，37 人在培训班中学习过。还有一个 10 人的小组，被称为（共产党的）“赞同者小组”。

阿留申街（1924—1992 年叫作 10 月 25 日街）2 号（符拉迪沃斯托克火车站）

符拉迪沃斯托克火车站　建于 1891—1893 年（设计师为巴基列夫斯基）。对于多数的由海路抵达俄罗斯的中国人来说，此站是他们俄罗斯旅程的起点。莫斯科中山大学的学生们正是从这里出发赴莫斯科学习。宋庆龄、胡志明等革命者 20 世纪 20 年代也曾从该火车站赴莫斯科。符站的建筑风格很像莫斯科城北的雅罗斯拉夫尔火车站，而雅站又恰好是西伯利亚大铁路的终点站。

左图为符拉迪沃斯托克火车站（照片摄于 20 世纪初）
右图为“西伯利亚干线终点”纪念标记碑，建于 2001 年，用以纪念干线通车 100 周年

如今的火车站

格林卡街 8A 号（谢当卡火车站）

谢当卡火车站　现在已在符拉迪沃斯托克市区，而在 20 世纪 20—30 年代时，它是符城城郊穿越西伯利亚大铁路上的站点。对许许多多的中国革命者而言，谢当卡火车站又是他们从莫斯科归国旅程的最后一站。1928 年秘密赴莫斯科近郊参加中共六大的许多代表，正是由莫斯科乘火车至谢当卡火车站，并在当地的旅店中稍停一两日。在这里为他们精心制订了秘密穿越国境的计划，配备好一切所需，并派地方火车将他们送往边境线苏方的站点，接下来代表们或骑马或步行越过中苏边界进入中国境内。

谢当卡火车站还因 1922 年苏俄与日本在此签订了日军撤出俄国领土的文件而知名。这一事件也标志着 1918 年起外国武装干涉苏俄历史的结束。记载该事件的铭记牌钉挂在车站办公楼的墙壁上。

谢当卡火车站（1917 年前）

谢当卡火车站，近照

纪念 1922 年日本占领军签订由符拉迪沃斯托克撤军之协议的铭记牌

哈巴罗夫斯克最初只是军事哨所，名为哈巴罗夫卡。1880 年小镇成为城市，1893 年起至今称为哈巴罗夫斯克。1926 年起哈巴罗夫斯克为远东边疆区首府，1938 年起为哈巴罗夫斯克边疆区首府。哈巴罗夫斯克还是俄罗斯联邦远东发展部所在地。哈巴罗夫斯克被认为是俄罗斯远东地区首府，从 2000 年起为远东联邦管区的中心。

哈巴罗夫斯克作为远东的信息中心对中国革命者起到过特别的作用。在哈城出版过最重要的中文周报《工人之路》。此外，在哈城的多个机关，甚至在军事单位里，都曾有中国的共产主义者工作过。如在远东红旗特别军的司令部中、在阿穆尔红旗舰队指挥部中。在远东共产主义大学（远东共大）里还曾设有中国部。

Хабаровск

哈巴罗夫斯克

舍甫琴科街 7 号（中文周报《工人之路》旧址）

1922—1938 年间，闻名遐迩且至关重要的**中文周报《工人之路》**正是在哈巴罗夫斯克出版发行的。这份报纸在不同时期分别发行于赤塔、布拉戈维申斯克、符拉迪沃斯托克等远东城市。《工人之路》起初出版于赤塔，后来改在符拉迪沃斯托克。到了 20 世纪 30 年代中期，《工人之路》成了苏联境内唯一的中文报纸，1933 年时它的发行量达到 7000 份。该报在华人工作的工厂企业和集体农庄中拥有自己广泛的通讯员网络。主编为周达文（俄文名丘贡诺夫），副主编在不同时期由卢贻松（俄文名利亚多夫·安德烈·加武利洛维奇）、俞秀松（俄文名纳林曼诺夫）、王长熙（俄文名马勒德诺夫）担任。董大明（音译）、王昌（音译）任校对员。报社书记为芮双（俄文名恩努基泽）、责任秘书为孟炳昌（俄文名伊巴多夫）、编辑为高清友（音译）、记者为杭佩凌（音译）。在报社工作的几乎都是莫斯科中山大学和远东边区中国高级列宁学校的毕业生。报社的全体人员，几乎都在 1937—1938 年的肃反运动中遭受迫害。1938 年报纸停刊，1957 年报社大多数受害者获得平反。

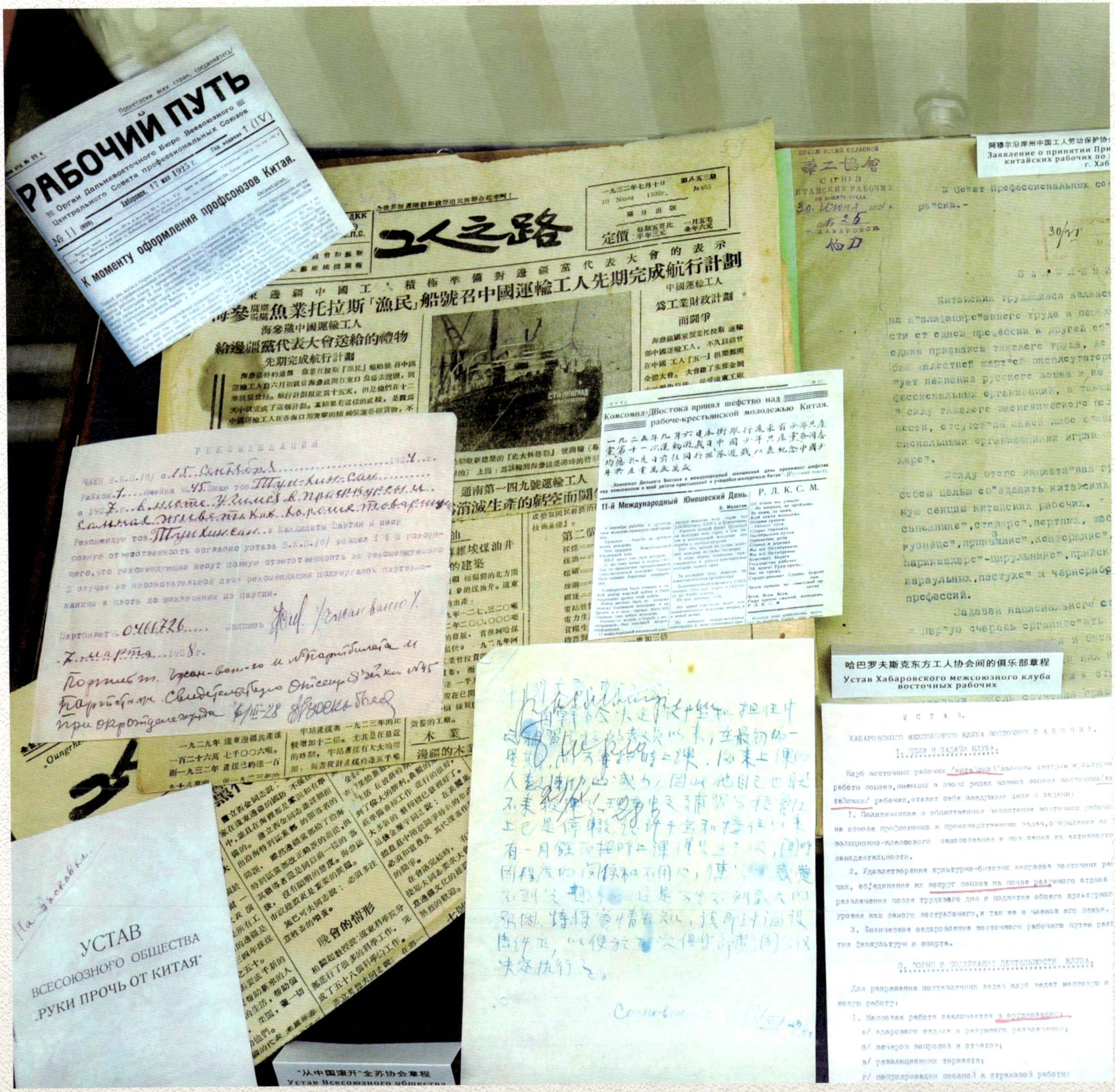

当代展会上展出的《工人之路》报及其他刊物

位于哈巴罗夫斯克的报社编辑部曾几经搬迁。20世纪20年代中起是在舍甫琴科街7号的“劳动宫”里，该建筑于1884年为“军事大会”而建。1924年起，编辑部在此建筑的二楼办公（照片摄于20世纪30年代中期）

如今在此建筑中的是远东美术博物馆

普希金街 54 号（远东共产主义大学校址）

1930—1932 年间，**远东共产主义大学（远东共大）**曾坐落于此，该校中有一个专门的中国部。后来中国部的学生和老师们一同被并入符拉迪沃斯托克的远东边区列宁中国高级学校，学生们还曾出版过一份名为《转折》的中文报纸。

这座大楼始建于 1900—1903 年，当时被认为是全城最美的建筑之一，最初是由哈巴罗夫斯克学校使用的（照片摄于 1917 年 3 月 10 日）

2008年之后对这座建筑进行了修复，目前设在其中的是商务中心
建筑物前方伫立着的是列宁的纪念像

谢雷舍娃街 13 号（远东红旗特别军司令部驻址）

哈巴罗夫斯克既是各支军队的部署地，又是指挥机构的所在地。**远东红旗特别军司令部** 1929—1938 年间就设在这里。部分毕业于莫斯科和其他城市院校的中国革命者们，被调往部队指挥部工作。在远东红旗特别军工作过的有梁正松（音译）和侦查处的翻译爱云廷（音译）。

远东红旗特别军司令部坐落于原武备学校的大楼中（建于 1888 年）

现在这里是俄罗斯联邦东部军区司令部

卢德涅娃街 93 号（阿穆尔红旗舰队驻地）

哈巴罗夫斯克位于阿穆尔河畔，历史上是黑龙江区舰队的基地。内战后阿穆尔河上的军舰于 1922 年并入苏俄远东海军阿穆尔河区海军舰队。1930 年舰队获红旗勋章，1931 年更名为**阿穆尔红旗舰队**。舰队的主基地和司令部均设在哈巴罗夫斯克。费胜友（音译）曾在司令部的情报处服役。

黑龙江区舰队中装备最好的一艘军舰于 1927 年被命名为“孙中山号”。1945 年该舰在同日军的一系列战斗中起到重要的作用

阿穆尔河区海军舰队通讯与观测部大楼被评为历史古迹（现照）

Чита

赤塔

赤塔始建于 1687 年，1851 年成为外贝加尔州的行政中心之后演变为城市。1920—1922 年时，赤塔曾是远东共和国的首都。在远东共和国并入苏联以后，成为外贝加尔省的省会。1926—1930 年为远东边疆区赤塔州首府，1937 年后为赤塔州省会。目前是外贝加尔边疆区行政中心。

莱蒙托夫街（1941 年 7 月前叫作阿勒贡街）11 号（外贝加尔军区司令部）

1935—1941 年间，**外贝加尔军区司令部**设在赤塔，曾有中国革命者在其情报处中供职。来自中国山东的共产党员王希（音译）曾在这里任翻译。

赤塔城全景。（摄于 1911 年以后）

照片中最高的建筑物为亚历山大·涅夫斯基教堂。20 世纪 30 年代中期教堂拆除后，石砖被用于建造外贝加尔军区的司令部大楼

外贝加尔军区司令部大楼于 1936 年建成，后来在这座楼中的是西伯利亚军区司令部

伊尔库茨克是东西伯利亚的一座城市，伊尔库茨克州的首府。城市始建于1661年，1926年前曾是伊尔库茨克省的中心，1926年到1930年为西伯利亚边疆区伊尔库茨克区的行政中心。1930年为东西伯利亚边疆区的中心，1937年后变更为伊尔库茨克州的首府。伊尔库茨克一直以来都是东西伯利亚重要的商贸和工业中心，同时在与中国共产党和中国革命者的关系发展中起着重要的作用。1921年到1922年，共产国际远东书记处曾在这里办公。从1922年夏起，莫斯科东方大学的分校也开始在这里办学。

Иркутск
伊尔库茨克

伊尔库茨克远眺景观及安加拉河上的浮桥（摄于 1905 年）

卡尔·马克思街 47 号（共产国际远东书记处办公地）

为了集中和优化对远东国家革命者的工作，1921 年 1 月 5 日和 7 日，根据俄共（布）中央委员会和共产国际执委会的决议，建立了共产国际代表处——**共产国际远东书记处**。最初书记处坐落在卡尔·马克思街 47 号的一栋建筑里，后来迁至第四红军街（之前为第四士兵街）1 号，也就是现在的基辅街 2 号。书记处在远东的工作由舒米亚茨基全权负责。

1920 年前的建筑照片

卡尔·马克思街上的47号建筑，该楼以卡雷金娜的邸宅而闻名（1884年摄）。1925年至2011年间，该建筑被用作军官之家。现在这里是伊尔库茨克青年宫

卡尔·马克思街 47 号（共产国际远东书记处中国部办公地）

共产国际远东书记处设有中国部。1921 年 3 月中国部由张太雷负责。到 1921 年中期书记处已有工作人员 150 人。1921 年 5 月书记处开设了汉语课程。共产国际远东书记处为东西伯利亚军区和第五军党校的中国部制定了教学大纲等文件。该校共有 37 名中国学员，其中 2 名为中共党员，7 名为联共（布）党员。

中共一大于 1921 年 7 月至 8 月间在上海召开，远东书记处在筹备中共一大的工作中起了至关重要的作用。远东书记处迅速出版了俄文版的中共一大文件。之后书记处作为重要组织者出席了远东人民代表大会，大会于 1921 年 11 月在伊尔库茨克召开，之后在莫斯科继续进行。中国革命者代表团也参加了此次大会。

俄国远东地区内战的结束，国际形势的变化，中国共产党的建立，催生了共产国际的改革。因此 1922 年 2 月通过了撤销共产国际远东书记处的决定。

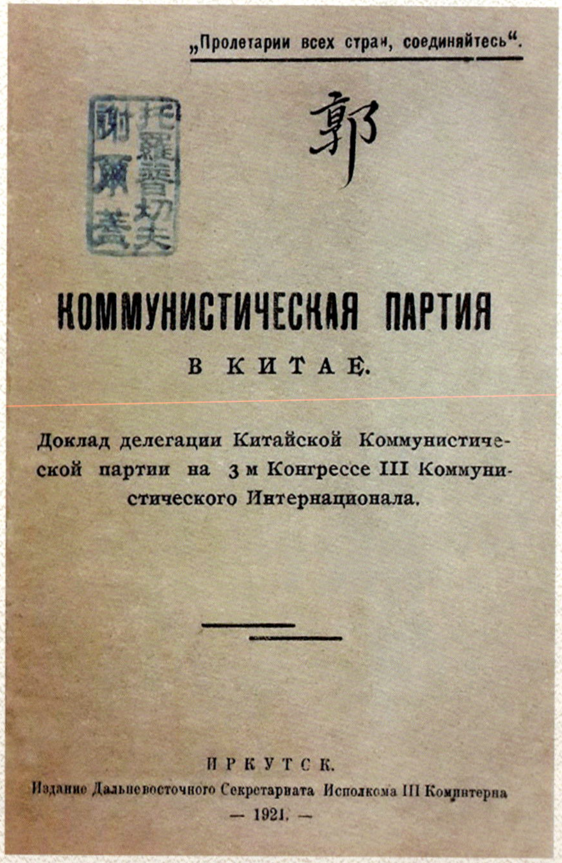
„Пролетарии всех стран, соединяйтесь".

郭

КОММУНИСТИЧЕСКАЯ ПАРТИЯ

В КИТАЕ.

Доклад делегации Китайской Коммунистической партии на 3 м Конгрессе III Коммунистического Интернационала.

ИРКУТСК.

Издание Дальневосточного Секретариата Исполкома III Коминтерна

— 1921. —

译成俄文的中国共产党代表团在共产国际三大上所作的报告

共产国际远东书记处曾在位于基辅街 2 号的建筑中办公
（该楼建于 1917 年，照片由 A.A. 科托夫提供）

傅里叶街 1B 号（远东人民代表大会代表下榻地）

这栋外表朴素的二层楼宾馆，叫作阿穆尔客栈。这个宾馆之所以小有名气，是因为著名作家安东·契诃夫曾经在此居住。1921 年 10 月末出席远东人民代表大会的代表也曾在此下榻。中国代表团也参加了此次大会，与会代表不仅有共产党员张国焘、瞿秋白、吴葆萼，还有国民党代表张秋白，无政府主义者代表黄凌霜，社会主义党代表江亢虎。11 月 19 日举行了远东人民代表大会联谊俱乐部开幕式，在此各个代表团可以互相认识。12 月初大会的全体人员约 150 人前往莫斯科，1922 年 1 月 21 日起大会在莫斯科继续进行，并于 2 月 2 日在彼得格勒（今圣彼得堡）胜利闭幕。

1921 年的苏维埃伊尔库茨克

契诃夫故居铭牌

照片右上角的红色楼房就是原“阿穆尔客栈”宾馆，现在需要修复

Омск

鄂木斯克

鄂木斯克建于 1716 年，起初为鄂木河汇入额尔齐斯河岸边的要塞。19 世纪时鄂木斯克依次为阿克莫拉州、西西伯利亚和斯捷普两个总督管辖省的行政中心。到了 20 世纪，鄂木斯克成为西伯利亚，乃至俄罗斯的大型工业、文化中心。目前鄂木斯克市是鄂木斯克州的首府，常住人口 117.8 万。

列宁街 26 号（共产国际符拉迪沃斯托克步兵学校迁移地）

1934 年共产国际符拉迪沃斯托克步兵学校（在该校的特工系有中国共产党学员学习情报工作）迁回鄂木斯克，并入以伏龙芝命名的鄂木斯克步兵学校。该校一直存续至 1999 年。

共产国际符拉迪沃斯托克步兵学校的锦旗，至今仍存于鄂木斯克武备学校 1826 年建成的老楼中（有一些是后来添加的附属建筑）。

在鄂木斯克武备学校大楼中保存着共产国际符拉迪沃斯托克步兵学校的锦旗

巴什基尔共和国的首府乌法位于乌法河注入白河处的白河畔，16 世纪初建时是一座军事堡垒。1586 年乌法发展为城市，是乌菲姆县的中心，1865 年为乌菲姆省的省会。十月革命后乌法成为巴什基尔苏维埃社会主义自治共和国的首府。20 世纪时，乌法在工业和文化领域迅猛发展。目前是俄罗斯最大的城市之一，也是巴什基尔共和国的首府。

Уфа

乌法

乌法，列宁街 25/29

1941 年秋，苏维埃政府决定将共产国际执委会撤离莫斯科，而乌法被选为安置地。共产国际执委会安顿在全城最好的宾馆“巴什基里亚”的新楼中（该楼于 1939 年建成，设计师为马克西莫夫）。1941 年 10 月至 1943 年 5 月，共产国际执委会在乌法办公，直到共产国际被解散。“共产国际”广播电台巨大的天线，在很长一段时间内高耸于宾馆的楼顶。1954 年，一群无线电爱好者在陆海空军志愿支援协会的支持下，将共产国际的无线电设备改装后用在了电视演播室中，正是在这里，制作了苏联最早的电视节目。

1939 年，中国共产党在共产国际执委会任委员的有毛泽东、周恩来、王明，候补委员有康生和博古。王明还是共产国际执委会主席团成员，康生是该团候补委员。

1942—1943 年间的“巴什基里亚”宾馆

“巴什基里亚”宾馆现在是乌法市最好的宾馆之一

第四部分

历史人物

（历史人物部分，原俄文出版顺序分为一、二两册，每册人物均按俄文顺序排列。从王茂华开始，为俄文版第二册历史人物介绍。）

博古（1907—1946）

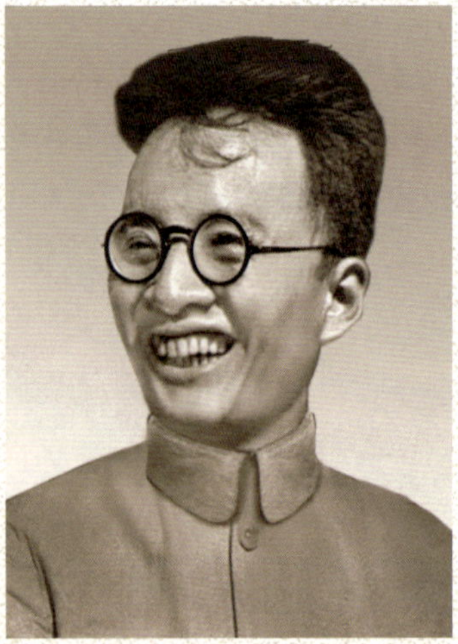

原名秦邦宪，俄文名博格列洛夫。江苏无锡人。1926 年 12 月前往莫斯科，在莫斯科中山大学工作和学习了 4 年，直到 1930 年秋天。此后回国，一年后成为中国共产党的领导人。担任中共临时中央局成员、临时中央政治局书记和负责人。1935 年 2 月，遵义会议上被解除中共中央总书记的职务。1935 年 8 月，在第七次共产国际大会上，在未出席会议的情况下，被选为共产国际执行委员会委员。

博古是中国共产党早期领导人之一、中国共产党新闻事业卓越的开拓者和奠基人之一。无产阶级革命家、理论家、宣传家和社会活动家。曾任中共中央总书记、红军总政治部代理主任，积极推行过王明的“左”倾错误路线，面对国民党军的进攻，与李德实行进攻中的冒险主义、防御中的保守主义，致使第五次反“围剿”失败。后期翻译了大量的马列著作，包括《苏联共产党（布）历史简明教程》《辩证唯物论与历史唯物论基本问题》《共产党宣言》《社会主义从空想到科学的发展》《卡尔・马克思》等，为在全党范围内普及和提高马克思列宁主义的理论水平作出重要贡献。1937 年任中共中央组织部部长。同年，任党中央代表，在南京与国民党谈判，即提出要在国民党统治区办报，蒋介石被迫同意。1941 年后，博古在延安创办和主持《解放日报》和新华社工作，任新华通讯社社长，为党的新闻事业和解放区新闻机构的建设做了大量的工作。1946 年 4 月 8 日，博古、王若飞等乘美国运输机回延安向党中央汇报请示工作。飞机在山西黑茶山失事，同机包括叶挺将军等 17 人全部遇难，史称“四八烈士”。

卞福林（1904—?）

俄文名费多尔・阿列克谢耶维奇・维尔什宁。1927 年加入中国共产党。1928 年成为全联盟共产党（布尔什维克）预备党员。1928—1930 年在莫斯科中山大学学习。后在肃反中遇难。

卜世畸（1902—1964）

俄文名叶甫盖尼·亚历山大洛维奇·普罗列塔利耶夫，是1921年7月9日第一批到莫斯科东方劳动者共产主义大学学习的学生之一。同年，作为嘉宾出席了全俄罗斯苏维埃代表大会。在1922年1—2月间，出席了远东人民代表大会；同年11—12月间，出任工会国际第二次代表会议代表。1923年3月回国。一年后，于1924年夏天重返莫斯科，1924年7月15—25日出席了青年共产国际第四次大会。1925年，第三次奔赴莫斯科，并于11月23日被莫斯科中山大学录取。自1926年9月至1927年4月，课余时间给参加共产国际执行委员会会议的国民党代表邵力子做翻译，1926年11—12月以此身份出席了共产国际执行委员会第七次全体大会。1927年在莫斯科中山大学毕业后，留在大学当教员和翻译，同时继续在红色教授学院学习。后被派到远东，任全联盟共产党（布尔什维克）远东边疆区文教工作处副处长。1931年秋返回莫斯科，10月10日被任命为国际列宁学校中国部副主任，同时成为共产国际中共代表团成员。1933年3月15日从莫斯科回国，但不久后转投国民党。

王文惠（1906—？）

俄文名鲍里斯·罗曼诺维奇·亚罗茨基。1925年加入中国共产党。1925—1930年在莫斯科中山大学学习。后在肃反中遇难。

王人达（1900—1957）

俄文名伊万·彼得洛维奇·阿夫古斯特。1923 年 11 月到 1926 年 12 月，在莫斯科东方劳动者共产主义大学学习，后在该校任教。与此同时，在 1926—1927 年期间，任工农红军总参谋部第四（侦察）局翻译。1927—1950 年 6 月任职于苏联内务人民委员部国家安全总局，授衔少校，直至退休。1957 年回国，不久去世。

王若飞（1896—1946）

俄文名伊万·涅姆采夫。青年时代，参加过辛亥革命和讨伐袁世凯运动。1922 年 6 月，王若飞与赵世炎、周恩来等发起成立“旅欧中国少年共产党”，积极从事马列主义的宣传。1923 年 3 月，王若飞赴苏联进入莫斯科东方劳动者共产主义大学学习，同年 4 月转为中国共产党党员。1925 年 4 月毕业，并回到中国。1928 年第二次来苏联，参加在莫斯科郊区五一村召开的中国共产党第六次全国代表大会，还出席了共产国际第六次大会，并有发言权（大会编号 032 号）。会后留在了莫斯科，成为在共产国际中重新组织的中共代表团成员，中国农民协会驻农民国际代表。1928 年，进入国际列宁学校俄罗斯部。1931 年 8 月 20 日回国，先后任豫陕区党委书记、中共中央秘书长、江苏省委农委书记，并作为中共代表团代表之一，与毛泽东、周恩来赴重庆谈判，同国民党政府签订了著名的《双十协定》。1946 年 4 月 8 日，王若飞乘飞机回延安，因飞机失事于山西兴县黑茶山不幸遇难，终年 50 岁。2009 年，被中央宣传部、中央组织部等 11 部门评为“100 位为新中国成立作出突出贡献的英雄模范人物”。

王一飞（1898—1928）

1921 年 6 月赴莫斯科东方劳动者共产主义大学求学。大学毕业后留任该校翻译。1924 年作为中国代表团的翻译，参加了共产国际第四次大会。同年当选为中国共青团莫斯科支部书记。1924 年先后参加了青年共产国际第四次大会和国际革命战士济难会组织第一次大会。1925 年 2 月，被派往工农红军军事学院学习 5 个月，并在中国班当翻译。1925 年 8 月回国，在长沙被国民党杀害。

王稼祥（1905—1974）

俄文名亚历山大·格奥尔基耶维奇·科穆纳尔。安徽省泾县桃花潭镇厚岸村人。忠诚的马克思主义者，杰出的无产阶级革命家，中国共产党和中国人民解放军卓越领导人，中国共产党和新中国对外工作的开拓者之一。1925 年 12 月进入莫斯科中山大学学习。毕业后作为世界史及党建历史教师翻译留校工作。1928 年 9 月，在红色教授学院东方部学习。1930 年 3 月被派遣回国。1937 年 7 月，第二次来苏联治病，同年 11 月被任命为中共中央驻共产国际代表，并与王明、康生、邓发一起与斯大林会面。1938 年 7 月回国，1946 年 5 月第三次来苏联治病。中华人民共和国成立以后成为中国第一任驻苏联大使（1949—1951 年）。随后多次因医疗和外交事务访问苏联。

革命战争时期，王稼祥历任中共中央党报委员会秘书长、中国工农红军总政治部主任、中华苏维埃共和国外交人民委员、中央革命军事委员会副主席、六届中央委员、中央政治局委员、中央三人军事小组成员、中央书记处书记（1934 年 1 月至 1956 年 9 月中央书记处书记相当于中央政治局常委）、中央政治局委员、中共驻共产国际代表、中共中央军委副主席、总政治部主任兼八路军总政治部代主任、八路军军政学院院长、七届中央候补委员、委员等；新中国成立后历任中国驻苏联大使、外交部副部长、中联部部长、中央国际活动指导委员会主任委员、八届中央委员、中央书记处书记、三至四届全国政协常委、中央外事小组副组长、十届中央委员等。

王治浩（1902—?）

俄文名柳金，1926 年加入中国共产党并成为全联盟共产党（布尔什维克）预备党员。1925—1927 年在莫斯科中山大学学习。被苏联驱逐出境。

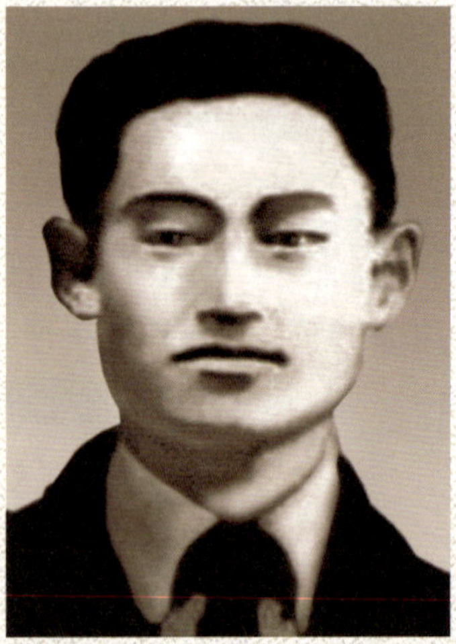

汪寿华（1901—1927）

浙江诸暨人。1921 年 4 月到苏联学习。1923 年加入中国共产党，任中共江浙区委（上海区委）常委、区委职工运动委员会书记，上海总工会代理委员长，是“五卅”反帝爱国斗争的主要领导人之一。作为远东职工代表，赴莫斯科出席了国际反帝同盟会议。同时受共产国际执行委员会委托，在符拉迪沃斯托克和赤塔组织华侨工人运动。在赤塔组建了华工俱乐部，并领导赤塔远东劳动协会的工人。在符拉迪沃斯托克组建了中国、俄罗斯、朝鲜、日本和蒙古工人俱乐部。在俱乐部旗下开设了学校和亚洲工人互助会。汪寿华曾是符拉迪沃斯托克市委成员。

1925 年初，汪寿华奉命从莫斯科回国，赴上海参加中国共产党第四次全国代表大会，并在大会上作关于职工运动的报告。1926 年 10 月至 1927 年 3 月，作为上海区委军事特别委员会成员先后参与指挥了上海工人三次武装起义。上海工人第三次武装起义胜利后，被选为上海总工会委员长。汪寿华十分重视工人在武装起义中的作用，在他的领导下，上海总工会所属会员到 1927 年 2 月底即达到 28.9 万人。1927 年 3 月 4 日，他主持召开工会干部会议，决定组织 5000 人的工人纠察队。会后，汪寿华还请来军事教官对纠察队员进行武装训练，使工人纠察队整体的军事素质和各级指挥员的指挥水平有了很大提高。1927 年 4 月 11 日深夜，汪寿华被青帮头子杜月笙指使打手活埋于上海城西枫林桥，是四一二反革命政变中牺牲的第一位共产党员。

高风（1886—1926）

俄文名菲利波夫。1923—1925 年在莫斯科东方劳动者共产主义大学学习。回国后被军阀势力逮捕并杀害。

高自立（1900—1950）

别名周和森。1934 年 6 月持所写共产国际运动发展与中国苏维埃运动的报告来到莫斯科，就读于国际列宁学校。1934 年 7 月 31 日，这份报告发表在苏共中央理论刊物《布尔什维克》上。很快，高自立因自己的表现被授予苏维埃“红星”勋章。1935 年 7—8 月参加了共产国际第七次大会，并拥有表决权。作为中国共产党代表团秘书被选为主席团 42 名成员之一。1935 年 8 月被选为国际监督委员会成员。高自立在国际列宁学校继续学习，直到 1938 年。此后回国。

郭妙根（1907—?）

俄文名瓦日诺夫。1928—1930 年在国际列宁学校学习。后在肃反中遇难。

郭肇棠（1905—1989）

曾用名郭少棠；俄文名叶甫盖尼·郭、让·巴普尤克、阿法纳西·加夫里洛维奇·克雷莫夫。1926年初赴莫斯科学习，于1927年奉调回国。1928年再次来到莫斯科，直到1929年底。曾任莫斯科中山大学研究员。1929年苏共中央和共产国际执行委员会政治秘书处派他到红色教授学院学习，曾在中共中央共产国际代表团中任职。1930—1932年任国际农业学院中国部部长。1931年3—4月，作为翻译出席了共产国际执行委员会第十一次全体大会。自1931年起在国际列宁学校教书，并任《共产国际》杂志中国版编辑。同时也是《列宁全集》中国版编辑委员会成员。自1932年起，任苏共远东地区指导员。自1933年起，在共产国际执行委员会农村工作部工作。1932年8—9月，在共产国际执行委员会第十二次全体大会上做技术工作。1933年11—12月，在该委员会第十三次全体大会上做同样的工作。自1933年秋开始在东方劳动者共产主义大学列宁主义培训班任教。1934年通过副博士学位论文答辩。同年任共产国际执行委员会东方秘书处政治顾问。1935年7—8月，参加了共产国际第七次大会，拥有表决权。会后成为共产国际执行委员会总书记格奥尔基·季米特洛夫的政治助理，同时也在共产国际执行委员会干部处工作。此外，1937年5月至1938年3月，任民族殖民地问题研究所科学部副部长。曾于1938年3月被捕，并以让·巴普尤克的名字被判在西伯利亚劳改营服刑，刑期15年。1954年10月6日被恢复名誉。应周恩来要求留在苏联。曾在中国研究所工作，后又在苏联科学院东方研究所任职。1962年通过博士学位论文答辩。后在莫斯科去世。

董亦湘（1896—1938）

俄文名列夫·米哈伊洛维奇·奥尔林斯基。1925年到莫斯科中山大学学习。1927年秋毕业留校做教师和翻译。1928年11月，转国际列宁学校俄国部学习。1929—1930年整风运动时被控犯“托洛茨基主义”，但还是于1931年被录取为国际列宁学校的研究生，同时也做教员和翻译工作。1931年5月31日被免职，并于1932年6月被派到哈巴罗夫斯克任远东地区共产主义学院教师。1933年2月被调往内务人民委员会远东部，1937年被捕，并被控参加反革命托派集团。1938年4月被枪杀。1984年6月，中共中央组织部为董亦湘平反昭雪，董亦湘被定为革命烈士。

关向应（1904—1946）

俄文名斯杰克罗夫、比奥涅尔、比奥涅罗夫。辽宁省大连市金州区人，满姓瓜尔佳氏，是中国共产党早期军事领导人，无产阶级革命家、军事家。1924 年加入中国社会主义青年团，第二年加入中国共产党。先后在中共河南省委和共青团中央组织部工作。1924 年底到莫斯科，在东方劳动者共产主义大学学习。1925 年回国。1928 年 6 月再度赴莫斯科参加中国共产党第六次全国代表大会和中国共产主义青年联盟第五次大会，并被选为中共中央委员、中央政治局候补委员。后任共青团中央委员会书记。1928 年 7—9 月参加了共产国际第六次大会，拥有表决权（大会编号 054 号）。被选为共产国际执行委员会候补委员。同年 8—9 月，参加了共产主义青年国际第五次代表大会，被选为执行委员会成员。

在中国共产党第六次全国代表大会会后，关向应在中国工农红军军事委员会及中共中央长江局工作。1932 年到湘鄂西革命根据地任湘鄂西军委主席和红三军政治委员。长征途中，任第二方面军副政治委员，曾坚决抵制张国焘另立中央、分裂红军的错误行为。1937 年任八路军第 120 师政治委员，与贺龙一起开辟了晋绥根据地。1946 年病逝于延安。2009 年，关向应被中央宣传部、中央组织部等 11 部门评为“100 位为新中国成立作出突出贡献的英雄模范人物”。

任卓宣（1896—1990）

笔名叶青，俄文名拉斐尔。1925 年 12 月到苏联，在莫斯科东方劳动者共产主义大学学习，很快就转到莫斯科中山大学。是中共莫斯科支部领导人之一。1926 年夏天回中国，1928 年被国民党警察逮捕，随即叛变。

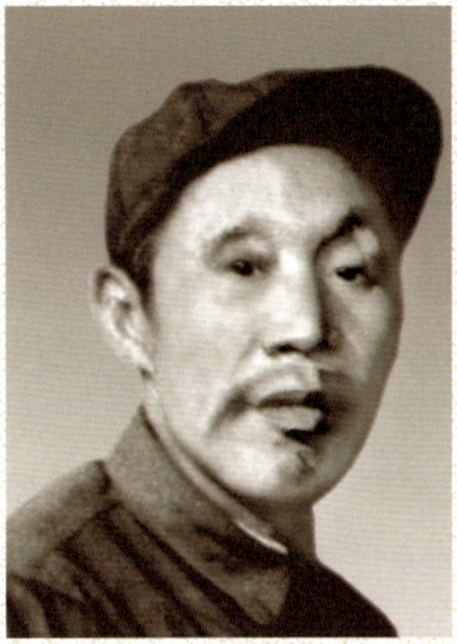

董必武（1886—1975）

俄文名斯鲁霍夫。湖北黄安（今红安）人。董必武是中国共产党的创始人之一，伟大的马克思主义者，杰出的无产阶级革命家，中华人民共和国开国元勋，党和国家的卓越领导人，中国社会主义法制的奠基者。他为中国人民的解放事业和社会主义建设事业作出了卓越贡献。董必武在20世纪初参加过辛亥革命，又是中国最早的共产主义者之一。1928年赴莫斯科中山大学学习。1929年春天被调到国际列宁学校英语班。求学期间同时教授中国学生语言和政治课程。1931年冬天毕业后作为研究员和中国班教师留校，在1932年被调回国。

董必武曾任最高人民法院院长，全国政协副主席，中共中央监察委员会书记，中华人民共和国副主席、代主席，第四届全国人大常委会副委员长。中共六届中央委员，七、八、九届中央政治局委员，十届中央政治局常委。他的一生，同中国近百年几个重要历史时期的人民革命斗争紧紧相联系，同中国共产党的诞生和发展、党的主要领导活动紧紧相联系。董必武始终站在伟大历史变革的前列。他在中国的旧民主主义革命和新民主主义革命，在社会主义革命和社会主义建设的历史发展中，始终位于时代的前列。董必武是我党的法学专家。他不但长期从事法制建设的实际工作，而且根据马克思主义关于国家和法的学说，结合我国法制建设的具体实际，提出许多独创性的见解。董必武的马克思主义法学思想，对于今天我们加强社会主义法制建设仍然具有十分重要的指导意义。这是他留给我们的极为珍贵的精神遗产。

康生（1898—1975）

原名张宗可，又名康生，俄文名比亚特尼茨基、鲍斯。1933年7月作为共产国际执行委员会的中国代表团副团长来到莫斯科。曾任莫斯科东方劳动者共产主义大学和国际列宁学校中国部主任。1933年11—12月，参加共产国际执行委员会第十三次全体大会，在会上作了关于中国革命的报告。1933年12月1日当选为共产国际执行委员会和该委员会主席团成员。接着又成为共产国际执行委员会政治秘书处候补成员。1935年7—8月，参加了共产国际第七次大会，拥有表决权，是中共代表团在大会上的秘书，也是大会主席团的42名成员之一。1937年11月回国。在革命战争年代，康生长期领导秘密战线工作。1966年后与林彪、江青等相互勾结，是发动“文化大革命”的主要成员之一。1975年12月16日在北京病逝。1980年，中共中央开除其党籍，撤销悼词，将其骨灰迁出八宝山革命公墓，被划为林彪、江青反革命集团的主要成员之一。

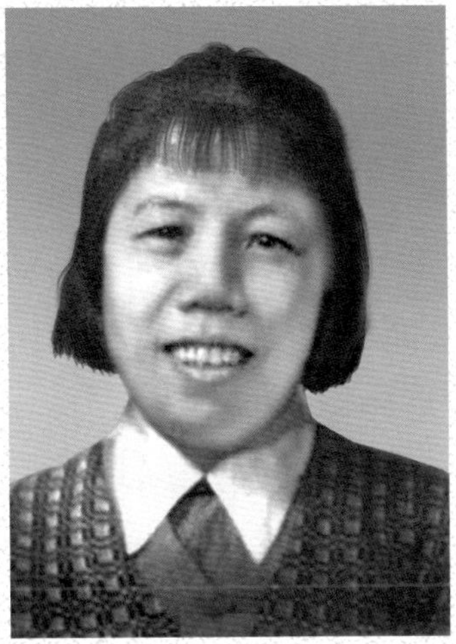

邓颖超（1904—1992）

祖籍河南光山，生于广西南宁。伟大的无产阶级革命家、政治家、著名社会活动家、坚定的马克思主义者，党和国家的卓越领导人，中国妇女运动的先驱。1928 年 6 月赴莫斯科参加中国共产党第六次代表大会。1928 年 7—9 月作为非正式代表参加共产国际第六次大会。大会后回国。1939 年 6 月陪丈夫周恩来再次来到莫斯科。1940 年 3 月回国。

邓颖超在 70 多年的革命生涯中，为中国革命、建设和改革事业毫无保留地奉献了自己的一切。她是 20 世纪中国妇女的杰出代表，也是中国妇女的骄傲。在长期的革命斗争中，为党的统一战线事业作出重要贡献。第一次国共合作时期，她以共产党员的身份参加国民党中央妇女部的工作，同部长何香凝真诚合作，联合和组织各界妇女投身国民革命。抗日战争和解放战争时期，她先后担任国民参政会中共方面唯一的女参政员和唯一的女政协代表，为坚持抗战、团结、进步，争取国内和平进行了不懈努力。1956 年中共八大后，为历届中共中央委员。1976 年后任第四、五届全国人大常委会副委员长、中共中央政治局委员、中央纪律检查委员会第二书记、第六届全国政协主席等职。在担任全国政协第六届全国委员会主席期间，她积极推动落实党关于民族、宗教、华侨和知识分子的各项政策，致力于坚持和完善中国共产党领导下的多党合作和政治协商制度。坚定地贯彻"长期共存、互相监督、肝胆相照、荣辱与共"的方针，为开创和发展爱国统一战线和政协工作的新局面做了大量卓有成效的工作，受到各界人士的信赖和尊敬。

李伯钊（1911—1985）

俄文名莫妮娜。1926 年来莫斯科，在莫斯科中山大学学习。1928 年毕业后为青年共产国际第五次大会当翻译（1928 年 8—9 月）。1930 年回国。1931 年加入中国共产党。同年到闽西苏区，任中国工农红军闽西军区政治部宣传科科长兼彭（湃）杨（殷）军政学校政治教员。后到江西瑞金，任红军学校政治教员、《红色中华》编辑、高尔基戏剧学校校长、中华苏维埃共和国临时中央政府教育部艺术局局长。抗日战争胜利后，任中共中央党校文艺工作研究室主任、中共中央华北局文委委员、华北文联副主任。新中国成立后，任北京市文联副主席，北京人民艺术剧院院长，中央戏剧学院副院长、顾问，中国戏剧家协会副主席。著有歌剧《长征》、话剧《北上》等。

邓小平（1904—1997）

俄文名克莱佐夫、伊万·谢尔盖耶维奇·多佐罗夫。四川广安人。原名邓先圣，学名邓希贤。邓小平是伟大的马克思主义者，无产阶级革命家、政治家、军事家、外交家，中国共产党、中国人民解放军、中华人民共和国的主要领导人之一，中国社会主义改革开放和现代化建设的总设计师，邓小平理论的创立者。邓小平早年赴欧洲勤工俭学，1926 年 1 月 17 日从法国来到莫斯科，在莫斯科东方劳动者共产主义大学学习。1 月 29 日转到莫斯科中山大学(学生证编号 233 号)。求学期间是莫斯科中山大学共青团组织成员和第七班的中共党小组组长。他是最优秀的学生之一，也是最优秀的党小组成员之一，多次受到大学党委的积极评价。1926 年夏，由中共党员转为苏共候补党员，同年 10 月 9 日在第七组全体会议上被转为苏共党员。这两个转党决定在 1927 年初被取消，因为同年 1 月 12 日，邓小平在未完成培训课程的情况下，被共产国际执行委员会从莫斯科中山大学除名，派往中国从事政治工作，到共产党统一战线的盟友——冯玉祥将军的军中工作。

从苏联归国后，他全身心地投入党领导的争取民族独立和人民解放的革命斗争。从土地革命、抗日战争到解放战争，先后担任党和军队的许多重要领导职务，为党中央一系列重大战略决策的实施，为新民主主义革命的胜利和新中国的诞生，建立了赫赫功勋，成为中华人民共和国的开国元勋。1978 年 12 月召开的中共十一届三中全会，开创了中国改革开放和集中力量进行社会主义现代化建设的新时期。邓小平在这个会议上对中国共产党政策的历史转变起了决定性的作用。经过这次全会，形成了以他为核心的中国共产党第二代领导集体。邓小平所倡导的“改革开放”及“一国两制”政策理念，改变了 20 世纪后期的中国，也影响了世界，因此在 1978 年和 1985 年，邓小平两次当选《时代周刊》“年度风云人物”。

邓中夏（1894—1933）

湖南宜章人。1928 年初来莫斯科参加工会国际第四次大会。被选为中华全国总工会驻工会国际执委会成员。同年 6—7 月参加了中国共产党第六次全国代表大会。在 7—9 月参加了共产国际第六次大会，拥有表决权（大会编号 040 号）。1928—1930 年，进入中国共产党在共产国际的代表团。并与苏兆征和于飞一起在工会国际中代表中国劳动联盟。1930 年 8 月参加工会国际第五次大会后，于 9 月回国。

邓中夏是中共第二届、五届中央委员，第三届、六届中央候补委员，中央临时政治局候补委员。马克思主义理论家，工人运动的杰出领袖。邓中夏是 1919 年五四运动主要领导者之一，五四运动后，邓中夏被推为北京联合会总务干事。1920 年 3 月，在李大钊的领导下，邓中夏、何孟雄、黄日葵、高尚德、罗章龙等秘密组织了马克思学说研究会。1920 年 5 月 18 日，邓中夏来到长沙，和老朋友毛泽东一起商量成立湖南学生联合会。1920 年 10 月参加北京的共产党早期组织。1925 年中华全国总工会成立后，任秘书长兼宣传部部长，参与组织领导省港大罢工。大革命失败后，参加党的八七会议，被选为中央临时政治局候补委员。1928 年赴莫斯科，任中华全国总工会驻赤色职工国际代表。1930 年回国后被任命为中央代表赴湘鄂西根据地，任湘鄂西特委书记、红二军团（后改为红三军）政委、前敌委员会书记、中央革命军事委员会委员。1932 年到上海任全国赤色互济会总会主任兼党团书记。1933 年 5 月被捕。1933 年 9 月 21 日，他高呼“中国共产党万岁”的口号，昂首走向刑场，英勇就义。

林彪（1907—1971）

别名李进。重伤后到苏联治病，是中共在共产国际的最后代表（1939—1941 年）。曾在莫斯科州的库奇诺中共党校军事班学习。1941 年 8 月离开莫斯科回国。

1925 年参加中国共产党。在井冈山时期先后任营长、团长、军长、军团长等职。抗日战争时期任八路军一一五师师长。解放战争时期任东北野战军司令员，指挥了辽沈、平津等重大战役。新中国成立后历任国防委员会副主席、国防部部长、中央军委副主席、中共中央政治局委员、常委、副主席等职。

“文化大革命”期间，有预谋地诬陷、迫害党和国家领导人，阴谋篡夺党和国家的最高权力。1971 年 9 月 13 日，仓皇出逃的林彪乘坐的飞机坠落在蒙古国温都尔汗附近。

叶挺（1896—1946）

原名王旬，字希夷，号西平，俄文名彼得·耶夫谢耶夫。广东惠阳人。早年先后毕业于广东陆军小学、湖北陆军第二预备学校、保定陆军军官学校。国民党和共产党合作后，1924 年 7 月，叶挺被派赴苏联莫斯科进入东方劳动者共产主义大学学习。当月加入中国社会主义青年团，12 月 1 日转入中国共产党。1925 年 9 月，因国内革命形势的发展需要，叶挺和中国班的同学奉命回国。

叶挺是中国人民解放军创始人之一、新四军重要领导者之一，著名军事家。叶挺早年立志从军，其所在的国民革命军第四军在北伐战争中被誉为“铁军”。1927 年 8 月 1 日，参与指挥南昌起义并出任前敌总指挥，之后参加广州起义，任起义军工农红军总司令。抗日战争时期出任新四军军长，在皖南事变中被国民党军扣押。叶挺拒绝蒋介石的威逼利诱，写出了著名的《囚歌》。抗战胜利后，获救出狱即被中国共产党重新接纳为党员。1946 年 4 月 8 日与夫人李秀文以及秦邦宪、邓发、王若飞等同志在返回延安途中，不幸遭遇空难。1989 年，被中央军委确定为 36 位开国军事家之一。1989 年 11 月，经中共中央军委确定，被冠以“中国人民解放军军事家”称号。

楼曼文（1908 — 1949）

浙江杭州萧山区楼塔镇人。中学时代和大革命时代用名楼曼文，别名方浪，在苏联期间用名方浪、方洛，回国后化名崔少文、方朗。1932—1934 年在共产国际列宁学校学习。在此期间，她在国内上海的丈夫蔡叔厚，受到中共地下党组织的怀疑。她因此受到牵连和影响，停止了她的学业和党组织生活，安排到伊万诺沃的纺织厂做女工，直到 1938 年国共第二次合作，中共上海地下党解除了对蔡叔厚的怀疑，并通知共产国际的中共代表团。她由此恢复了组织生活，离开工厂，回到共产国际的党校学习。她与方志纯在一个班里学习相识。1941 年 2 月，楼曼文与方志纯等同志回国，到达新疆迪化（乌鲁木齐），化名崔少文。1941 年经过党组织批准，与方志纯结婚。1946 年回到延安，在中共中央社会部工作，化名方朗。1949 年 2 月病故于河北平山县西柏坡的东黄泥村。次月，被社会部追认为革命烈士。她与蔡叔厚生育一女，与方志纯生育一女一子。

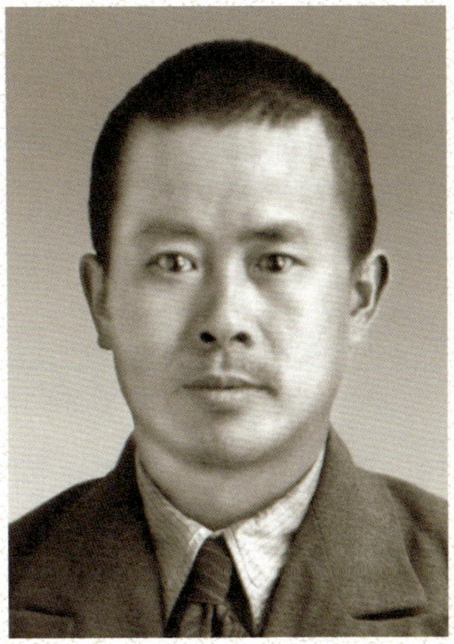

任弼时（1904—1950）

原名任培国，俄文名布林斯基、陈林。湖南汨罗人。伟大的马克思主义者，杰出的无产阶级革命家、政治家、组织家，中国共产党和中国人民解放军的卓越领导人，中国共产党第一代领导集体的重要成员。1921年抵达莫斯科，就读于莫斯科东方劳动者共产主义大学。1922年在莫斯科加入了中国共产党。1926年作为青年共产国际执行委员会的代表第二次抵达莫斯科，参加共产国际执行委员会第七次全体会议，拥有发言权（大会编号0132号）。于1938年第三次抵达莫斯科，接替王稼祥在共产国际中的中国共产党代表团团长职位。于1950年最后一次到莫斯科治病，同时也是为了将其在伊万诺沃国际儿童院受教育的女儿带回中国。

任弼时于1931年在中共六届四中全会上当选为中央政治局委员。1935年11月与贺龙率红二、红六军团长征，长征中拥护以毛泽东同志为代表的中共中央，同张国焘分裂主义作坚决斗争，力促红军三大主力胜利会师。1938年3月，代表中共中央赴莫斯科系统汇报中国抗战形势与中国共产党的工作和任务，取得了共产国际的大力支持。1940年3月回国后参加中共中央书记处工作。1941年9月任中共中央秘书长，协助毛泽东领导整风运动和大生产运动，并受中央委托主持《关于若干历史问题的决议》的起草工作。1943年3月与毛泽东、周恩来、刘少奇、朱德组成以毛泽东为首的中共中央书记处。1945年在中共七届一中全会上当选为中央政治局委员、书记处书记。1946年后，和毛泽东、周恩来一起转战陕北。任弼时对事业和工作恪守着“能坚持走一百步，就不该走九十九步”的准则，长期抱病工作，过度劳累使病情突然加重，1950年10月27日在北京逝世，终年46岁。

陆渊（1903—？）

俄文名奥加廖夫。1925年加入中国共产主义青年团。1922—1925年在上海大学学习。1925—1927年在莫斯科中山大学学习。1926年加入苏联共青团。1928年被开除出党。1931年加入国民党。

孔原（1906—1990）

俄文名田夫。江西萍乡人。1924年加入中国社会主义青年团，次年转入中国共产党。1927年参加南昌起义。1928年到莫斯科中山大学求学，1930年回国。1935年夏天第二次来到莫斯科，在共产国际的中国代表团中工作。1935年7—8月参加共产国际第七次代表大会，拥有表决权，后被选为大会资格审查委员会成员，作关于共产党在国民党统治区工作的报告。他还出席了国际革命战士济难会第十一次扩大全会，并被选为济难会中央局成员。自1936年春至1938年7月在国际列宁学校学习，之后又在莫斯科东方劳动者共产主义大学学习。但在该校受到严肃调查，最后因反对“王明操纵”而被学校开除。

抗战时期，历任中共中央社会部副部长，长期从事地下情报工作。新中国成立后，曾任中华人民共和国海关总署署长、对外贸易部副部长、国务院外办主任。1957年后，历任中共中央调查部常务副部长、部长，中央对台工作领导小组成员。1958年兼任国务院外事办公室副主任。积极协助国务院管理外事工作和指导各部门及地方的外事活动。“文化大革命”后任解放军总参谋部顾问、全国人大常委会副秘书长等职。1988年7月被授予一级红星功勋荣誉章。1990年病逝。

林伯渠（1885—1960）

俄文名高尔基·尤里耶维奇·科米萨罗夫。湖南安福（今临澧县）修梅镇凉水井村人。早年加入同盟会、中华革命党。曾任孙中山大元帅府参议，第六军党代表兼政治部主任。1921年加入中国共产党。

1927年参加八一南昌起义，起义失败后，受党中央派遣，去莫斯科中山大学学习。1928年秋毕业后被派到苏联远东开展党务工作。1931年参加了中国汉字拉丁化第一届代表大会。1932年冬，林伯渠由海参崴学成回国。翌年三月，进入江西中央苏区，出任苏维埃中央政府国民经济部部长，后任财政部部长及总供给部部长。长征到达陕北后，任陕甘宁边区政府主席。新中国成立后，林伯渠任中央人民政府秘书长，全国人民代表大会常务委员会第一、二届副委员长。在党的第七次全国代表大会上，被选为中央委员，后又进入中央政治局。党的第八次全国代表大会及八届一中全会上再次当选为中央委员和中央政治局委员。 林伯渠同志是著名的无产阶级革命家、教育家，是党和国家重要领导人之一，与董必武、徐特立、谢觉哉、吴玉章并称“延安五老”。

李大钊（1889—1927）

字守常，河北乐亭人。李大钊是中国共产主义的先驱，伟大的马克思主义者、杰出的无产阶级革命家、中国共产党的主要创始人之一。李大钊 1913 年冬考入东京早稻田大学政治本科学习，积极参加留日学生总会的爱国斗争。为反对灭亡中国的“二十一条”，起草《警告全国父老书》，在全国产生极大影响。俄国十月革命的胜利极大地鼓舞和启发了李大钊。1916 年回国后，他先后发表了《法俄革命之比较观》《庶民的胜利》《布尔什维主义的胜利》等文章和演说。1919 年，又发表了《新纪元》《我的马克思主义观》《再论问题与主义》等几十篇宣传马克思主义的文章。1920 年 3 月，李大钊在北京大学发起组织马克思学说研究会。10 月，在李大钊领导下，北京的中国共产党早期组织建立。1921 年中国共产党宣告正式成立后，李大钊代表党中央指导北方的工作。1924 年 6—7 月在莫斯科参加了共产国际第五次大会，拥有表决权。1926 年 3 月，李大钊领导并亲自参加了反对日、英帝国主义和反对军阀张作霖、吴佩孚的斗争。1927 年 4 月 6 日，奉系军阀张作霖勾结帝国主义，闯进苏联大使馆驻地，公然逮捕了李大钊等 80 余人。李大钊备受酷刑，英勇不屈。4 月 28 日，反动军阀悍然将李大钊等 20 位革命者绞杀在北京西交民巷京师看守所内。

罗亦农（1902—1928）

俄文名布哈罗夫、罗觉。湖南湘潭人，无产阶级革命家。1920 年加入社会主义青年团，1921 年加入中国共产党，同年夏天到莫斯科，被莫斯科东方劳动者共产主义大学录取。作为能力最突出的学生被选入翻译小组。1924—1925 年任中共莫斯科支部书记。1925 年回国。

12 月任中共上海区委书记。1927 年 2 月任特别委员会委员，与周恩来、赵世炎等共同领导上海工人第三次武装起义。中共五大时当选为中央委员，八七会议上当选中央临时政治局委员，11 月任中央政治局常委兼中央组织局主任。罗亦农是中共早期卓越的领导人，是当时五个常委之一。大革命失败后，转入上海做地下工作，1928 年 4 月 15 日上午 10 时，被叛徒霍家新与贺子（治）华夫妇出卖，遭到英国巡捕房逮捕，1928 年 4 月 21 日被国民党杀害。

李立三（1899—1967）

俄文名亚历山大·拉宾。无产阶级革命家，中国共产党的优秀党员，中国工人运动的杰出领导人之一，原中共中央政治局常委兼秘书长、宣传部部长，全国人民防空委员会秘书长，全国总工会副主席。1925 年 12 月来莫斯科参加共产国际执行委员会第六次扩大全会的赤色职工国际会议(1926 年 2—3 月)。在全会上作关于中国工人运动的报告。1926 年回国。1928 年 6 月以代表身份再赴莫斯科，参加中国共产党第六次全国代表大会，会后立即回国。1930 年底，应对中国共产党“左”倾冒险主义政策极度不满的斯大林的要求，第三次，也是最后一次来莫斯科，作为党内领袖承担责任。在抵达后受到共产国际执行委员会的严厉批评。他承认错误，并被免去所有职务，此后曾在苏联多个工业企业工作过。1931 年 3—4 月，作为嘉宾出席了共产国际执行委员会第十一次全体大会。1931 年 8 月 5 日—1932 年 12 月 1 日在国际列宁学校俄国部学习。自 1932 年起就是中国共产党在共产国际代表团中的成员和中国劳动联盟在工会国际中的代表。1932 年 8—9 月参加了共产国际执行委员会第十二次全体大会。1934—1935 年在阿拉木图工作，负责落实共产国际和中国共产党之间的通讯联络。1935 年 7—8 月是共产国际第七次大会代表，拥有表决权。同年秋天领导在苏联的外国工人出版社中国部。后被任命为共产国际报纸《救国日报》总编。1937 年秋天，在共产国际的中国代表团指责他容许将关于托洛茨基—季诺维也夫中心一案的对党有害的中文版资料，发布在报纸上。1938 年 2 月，先被苏联内务部逮捕，后被国际监督委员会将他开除党籍。1939 年 11 月 4 日，无罪释放后，即提出申诉，要求恢复党籍。在周恩来的积极干预下，共产国际于 1940 年 2 月决定一年后重新考虑其党籍问题。但因战争爆发，共产国际解散，一直未能参加组织生活。在此期间恢复他曾工作过并更名为外语文学出版社的外国工人出版协会中国部的工作。1946 年 1 月，应毛泽东要求，将李立三纳入中共中央委员会，在他滞留苏联 16 年后回国。同年 9 月，李立三的妻子伊丽莎白·巴甫洛夫娜·基什基娜和女儿因娜也获准回国。

解放战争时期参加军调部工作。1949 年，李立三主持制定了《中华人民共和国工会法》，在组织全国工人阶级为巩固新生的人民政权、恢复国民经济等方面做了大量的工作。1958 年，率中共中央工业交通工作部部分干部下工厂调查研究，召开部分省市工业交通部长会议，提出干部参加生产，工人参加管理，领导干部、工人、技术人员三结合管理工业的思想，据此撰写的社论在《人民日报》发表。后毛泽东将其主要内容归纳为“两参一改三结合”，定为鞍钢宪法，为促进中国工业体制的民主化和科学管理作出重要贡献。

刘伯坚（1895—1935）

俄文名舍尔斯坚斯基。四川平昌人，早年曾就读于成都高等师范学堂（四川大学前身）。1920年赴欧洲勤工俭学，1921年与周恩来等发起组织中国少年共产党，1922年转为中国共产党党员。1923年到莫斯科东方劳动者共产主义大学学习。1925—1926年任中共莫斯科支部书记。1926年回国。应邀在冯玉祥部任国民军第二集团军总政治部副部长，后来再次被派往苏联学习军事，并出席了中共六大。1930年，他回到上海，翌年又进入江西中央苏区，先后任军委秘书长、红军党校政治部主任。此时，蒋介石将中原大战中被他打败收编的西北军主力第二十六路军调到江西“剿共”，并由中央军在后面督战。这种“一石二鸟”的毒计激起西北军官兵极大愤慨。中央军委马上派刘伯坚主持策反工作，终于使该部1.7万人在宁都暴动，并编为红五军团；刘伯坚随后担任了该军团政治部主任，将这支部队改造成中央红军的主力之一。中央红军长征后，留在苏区坚持斗争。1935年3月率部队突围时不幸负伤被捕，21日壮烈牺牲。2009年被中央宣传部、中央组织部等11部门评为“100位为新中国成立作出突出贡献的英雄模范人物”。

刘仁静（1902—1987）

笔名列恩斯基。1921年7月，到上海参加中共第一次全国代表大会。1922年11—12月，首次来莫斯科参加共产国际第四次大会，在会上作关于中国的报告。之后还出席了青年共产国际第三次大会。接着与谢·阿·达林一起在青年共产国际的高级管理机构工作，并学习俄语。1923年4月回国。1926年再次到莫斯科的国际列宁学校就读，并于11月列席了共产国际执行委员会第七次扩大全会，会后应邀到苏联各地报告中国形势。在国际列宁学校就读期间，因探讨大革命失败的原因，接受了托派思想。1929年4月毕业后拜访了在土耳其普林吉坡岛的列·达·托洛茨基。回国以后成为中国托洛茨基主义运动的组织者之一。1929年被开除出中国共产党。1986年被任命为中华人民共和国国务院参事。

刘绍周（1892—1970）

别名刘泽荣。1897 年来俄罗斯，时年 5 岁。1914 年毕业于圣彼得堡大学物理数学系。1914—1916 年在基斯洛沃斯克中学教数学。后来直到 1917 年二月革命前，都在彼得格勒技术学院工程建筑系学习。二月革命后，和其他 8 名彼得格勒的中国学生一起在中国公使刘静人的帮助下组织了中国公民同盟。十月革命后，同情苏维埃政权。后来在布尔什维克的帮助下，重新建立了中国工人同盟组织，并作为同盟代表参加了共产国际第一次和第二次大会（分别是 1919 年 3 月和 1920 年 7—8 月），进入了以列宁为主席的民族和殖民问题委员会。1920 年 11 月回国。后来并未参加中国的共产主义运动。

毛泽民（1896—1943）

曾用名周彬、周登（音译）、周全。毛泽东的大弟弟，湖南省湘潭人。1922 年 10 月加入中国共产党。1931 年在江西苏区负责第一次苏维埃代表大会的筹备与后勤管理工作。11 月负责国家银行的筹备工作，并任行长。1934 年长征途中，负责整个红军的筹粮、筹款和全部供给工作。到陕北后，任国民经济部部长。1938 年 2 月，受党中央派遣，先后出任新疆省财政厅、民政厅厅长等职。1939 年 6 月来莫斯科治病。曾在共产国际的中共代表团工作。1940 年 1 月 22 日回国。

1942 年 9 月 17 日，毛泽民与陈潭秋等共产党员被反动军阀盛世才逮捕。1943 年 9 月 27 日被秘密杀害，时年 47 岁。2009 年，被中央宣传部、中央组织部等 11 部门评为“100 位为新中国成立作出突出贡献的英雄模范人物”。

孟庆树（1911—1983）

俄文名萨·费拉基米罗夫娜·奥斯特洛娃。1927—1929 年在莫斯科中山大学学习，毕业后在上海的沪东区委妇女委员会工作。1931 年和丈夫陈绍禹（王明）及吴克坚（音译）回莫斯科，直到 1937 年都在国际列宁学校学习。化名罗南（音译）参加了共产国际第七次大会（大会编号 160 号），拥有表决权。1937 年和丈夫一起回国，1956 年 1 月又陪王明来到苏联，在苏联生活直到去世。

聂荣臻（1899—1992）

俄文名卓林。重庆江津人。久经考验的无产阶级革命家、军事家，党和国家的卓越领导人，中国人民解放军的创建人之一，中华人民共和国元帅，中华人民共和国开国元勋，深受全党、全军、全国人民的尊敬和爱戴。聂荣臻1924年到苏联学习。次年9月回国，任黄埔军校秘书兼政治教官。1924—1925年在莫斯科东方劳动者共产主义大学、后又在工农红军军事学院学习。1925年9月回国。1926年7月任中共广东区党委军委特派员，参加北伐战争。1927年四一二反革命政变后被派往上海，协助周恩来将工人纠察队转入秘密活动，同年5月任中共中央军事部参谋长，并参加南昌起义、广州起义，任十一军党代表。土地革命战争时期，先后任中国工农红军总政治部副主任，第一军团政委。抗战时期，任八路军一一五师副师长、政委，中共中央晋察冀分局书记、军区司令员兼政委。解放战争时期，任晋察冀军区司令员兼政委，华北军区司令员，中国人民解放军副总参谋长，平津卫戍区司令员，北平市军管会主任、市长。

新中国成立后，历任中央军委秘书长兼中国人民解放军代总参谋长，国防委员会副主席，中央军委副主席，国务院副总理兼国家科委主任、国防科委主任。先后当选为中央政治局委员。第四、五届全国人大常委会副委员长。

苏兆征（1885—1929）

原名苏吉，广东香山县淇澳岛淇澳村人。是中国工人运动的先驱和著名领袖，中华全国总工会的主要创建人和领导人，国际工人运动活动家，中国共产党早期重要领导人之一。1908年加入孙中山先生领导的同盟会，积极参加推翻清政府的革命活动。1921年与林伟民等在香港建立中华海员工业联合总会。1925年春加入中国共产党。参与领导震惊中外的香港海员大罢工和省港大罢工。1927年在八七会议任中共中央临时政治局常委。1928年春来莫斯科参加工会国际第四次大会（3—4月），在会上作关于中国工人运动的报告。被选为工会国际执行局成员。1928年6—7月参加了中国共产党第六次全国代表大会。1928年7—9月参加了共产国际第六次大会，拥有表决权（大会编号038号）。被选为大会主席团和计划委员会成员。后来苏兆征还参加了农民国际大会，并被选为副总书记。

苏兆征历任中华全国总工会委员长、中央政治局候补委员、中央临时政治局常务委员、中央政治局常务委员。1927年被推举为广州苏维埃政府主席。1928年当选为执行委员。1929年2月在上海病逝。2009年，苏兆征被中央宣传部、中央组织部等11部门评为“100位为新中国成立作出突出贡献的英雄模范人物”。

宋一平（1916—2005）

1933年来莫斯科，在国际列宁学校学习。1934年参加了青年共产国际执行委员会全体会议。在1935年7—8月参加了共产国际第七次大会。同年9—10月又参加了青年共产国际第六次大会，在本次大会上被选为青年共产国际执行委员会候选委员。与此同时，学习期间还在青年共产国际执行委员会东方部工作。1937年毕业于国际列宁学校。1938年回国。

宋逢春（1906—?）

俄文名卡尔·普列伊斯。中国共青团员，并于1925年加入中国共产党。1926—1927年在莫斯科中山大学学习。中国托洛茨基主义运动的领导者之一。

徐特立（1877—1968）

俄文名马尔金。中国革命家和教育家，湖南善化人。他是毛泽东和田汉等著名人士的老师。被尊为“延安五老”之一。1911年参加辛亥革命，1927年加入中国共产党，同年8月参加南昌起义。1928年到莫斯科中山大学学习，毕业后于1930年底回国。

1931年11月当选为中华苏维埃共和国中央执行委员会委员。1934年参加长征。1949年中华人民共和国成立后，历任中央人民政府委员，全国人大常委会委员，中共第七、八届中央委员等职，后因身体原因请辞。1968年11月28日在北京逝世，享年91岁。徐特立著作大都收集在《徐特立教育文集》和《徐特立文集》中。党中央曾评价他“对自己是学而不厌，对别人诲人不倦”，“中国杰出的革命教育家”。

许光达（1908—1969）

湖南省长沙县人。无产阶级革命家、军事家 。1925 年 9 月加入中国共产党。1926 年春入黄埔军校第五期学习。1932 年 5 月，重伤后来莫斯科治疗。康复后在国际列宁学校学习。1934 年底，按苏联边防军司令部的命令被派去新疆，在军阀盛世才的军中工作。1937 年 11 月奉命回国，在延安受到毛泽东等中央 领导人接见。

在革命生涯中，历任见习排长、排长、代理连长、军参谋长、师政委、师长，抗日军政大学训练部长、教育长、分校校长，中共中央革命军事委员会参谋部部长兼延安交通司令、防空司令和卫戍司令，八路军第一二〇师独立第二旅旅长兼晋绥军区二军分区司令、晋绥军区第三纵队司令、西北野战军军长、第二兵团司令员等职。新中国成立后，1950 年 4 月，许光达任中国人民解放军装甲兵司令员兼政治委员，开展组建装甲兵的各项工作。他还兼任第一所坦克学校——中国人民解放军战车学校校长，后兼任装甲兵学院院长。1959 年任国防部副部长，为军队现代化、正规化建设作出了卓著贡献。1955 年被授予大将军衔。

萧子璋（1896—1983）

俄文名萧三、埃米萧。湖南湘乡人，早年与毛泽东等人一起创建新民学会。接到任弼时从苏联的来信，并受周恩来、赵世英的委托，离开法国于 1922 年底到达莫斯科，在东方劳动者共产主义大学学习。1923 年与陈乔年将国际歌第一段译成中文。1924 年 1 月与任弼时一起代表中共支部为列宁守灵。1924 年初应李大钊要求回国，任北方区团委书记。1927 年为团中央常务委员会兼组织部部长，与任弼时一起参加中共五大后去苏联，在中国工人夜校当老师。1928 年被瞿秋白安排到达莫斯科，在东方研究所做指导工作。也是国际左派作家联盟秘书处（该组织在共产国际的监督之下）成员。1923 年到莫斯科东方劳动者共产主义大学学习，直到 1925 年。1927 年，在中国大革命失败后再次来到莫斯科，并自 1930 年起在莫斯科东方学研究所做指导员工作。

1930 年代表鲁迅和中国左联在哈尔斯科夫参加国际革命作家代表大会，任《国际文学》中文主编、左联驻苏代表。1934 年参加了苏联作家第一次代表大会，并曾任两届苏联作家协会党委委员，在苏联首次发表了《毛泽东传》和《朱德传》。同时写了大量的歌颂和宣传中国革命、中国工农红军的诗篇和文章，以及大量的介绍鲁迅的文章。1939 年 3 月回国到延安。新中国成立以后，主持我国的国际文化交流工作。

向警予（1895—1928）

俄文名娜杰日吉娜。蔡和森的夫人。湖南溆浦县人。她是中国共产党创始人及早期领导人之一，妇女解放运动领导人之一。1918 年 4 月，毛泽东、蔡和森在湖南发起成立新民学会，以“革新学识，砥砺品行”为宗旨。向警予得到消息，来到北京，拜访北大校长蔡元培先生，参加了毛泽东、蔡和森等创办的革命团体新民学会，她与蔡和森的交往因此逐渐增多。同年 10 月，向警予和蔡畅等组织湖南女子留法勤工俭学会，成为湖南女界勤工俭学运动的首创者。1925 年 12 月到莫斯科中山大学求学。1926 年 2—3 月出席了共产国际执行委员会第六次全体会议。1927 年 3 月回国。1928 年 3 月 20 日，由于叛徒的出卖，向警予在法租界被捕，同年 5 月 1 日向警予被押赴刑场，英勇就义，年仅 33 岁。

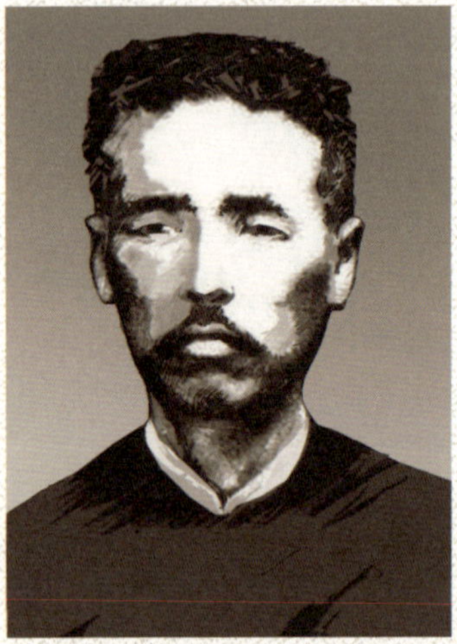

向忠发（1880—1931）

1927 年秋作为中国劳动者代表团团长来莫斯科，参加庆祝十月革命十周年庆典。同年 11 月，共产国际执行委员会秘密将他派往德国和比利时，在布鲁塞尔参加了反帝国主义联盟全会，在会上作关于中国革命运动的报告。1928 年 2 月返回莫斯科后，参加了共产国际执行委员会第九次全体会议。在全会委员会第一次会议上作关于中国问题的报告，被选为共产国际执行委员会及其主席团成员。1928 年 3—4 月，参加了工人国际第四次大会。会后留在苏联为赤色职工国际工作。1928 年参加了中国共产党第六次全国代表大会，在党中央委员会第一次全体大会上被选为总书记。1928 年 7—9 月参加了共产国际第六次会议，拥有表决权。9 月回国。1931 年 6 月 22 日被国民党警察逮捕，叛变革命，但仍被处死。

肖昌彬（1900—?）

俄文名直齐、纳乌姆·米哈伊洛维奇·米哈伊洛夫。1923 年加入中国社会主义青年联盟。1925 年加入中国共产党。1926—1927 年在莫斯科中山大学学习。1929 年回到中国。1931 年前参加了中国的托洛茨基主义运动。

滕代远（1904—1974）

俄文名李光。湖南省怀化市麻阳县人，1924 年 10 月加入中国共产主义青年团。1925 年加入国民党，同年 10 月转为中国共产党党员。曾参与领导学生运动，开展农民武装斗争。马日事变后脱离国民党，坚持地下斗争。1928 年 7 月，与彭德怀等人发动了平江起义，成立了工农红军第五军，任党代表，是湘鄂赣革命根据地的创建人之一。后任红三军政委、红一方面军副总政委。滕代远曾两次被选为中华苏维埃共和国中央执行委员，获二等红星奖章。1935 年到苏联，在共产国际中共代表团工作。1935 年 7—8 月参加了共产国际第七次大会，拥有表决权。大会后回国。

1937 年任中央军委参谋长，抗大总校副校长兼副政委、中共北方局常委，1942 年任八路军参谋长并参与北方局工作，中华人民共和国成立以后任铁道部部长。滕代远是中共第七至十届中央委员，在第四届全国政治协商会议上被选为副主席。是中国工农红军早期创始人，是中国人民解放军的领导者之一，还长期主持铁道部门工作，是新中国人民铁路事业的奠基人，为新中国的铁路事业作出了重大贡献。

吴玉章（1878—1966）

俄文名布列宁。四川荣县人。我国杰出的无产阶级革命家、教育家、历史学家和语言文字学家、新中国高等教育的开拓者。吴玉章是戊戌变法维新运动的拥护者和宣传者，后来参加孙中山领导的同盟会和辛亥革命。1925 年加入中国共产党，参加过南昌起义，被派往苏联、法国和西欧工作。1927 年到莫斯科，就读于莫斯科中山大学。1929—1930 年在该校的中国研究所工作。1930 年大学毕业后被派到符拉迪沃斯托克的苏维埃党校任指导员。是中国文字拉丁化委员会成员。此外，还是苏联科学院远东分院中国部部长和消除文盲运动的中国区负责人。1931 年参加了全联盟中国文字拉丁化第一次会议。后回到莫斯科，领导于 1933 年 9 月成立的莫斯科东方劳动者共产主义大学中国部。1934 年 2 月，在缺席的情况下被选为中华苏维埃共和国中央执行委员会委员。1935 年 7—8 月，参加了共产国际第七次大会，拥有表决权。参与撰写了标志抗日统一战线形成的中共中央《八一宣言》。

新中国成立后，吴玉章任中国人民大学校长兼中央社会主义学院院长，中国文字改革委员会主任。吴玉章于 1950 年中国人民大学正式命名组建时担任校长长达 17 年，直至 1966 年逝世。吴玉章领导全国文字改革工作，制定并实施了《汉字简化方案》《第一批异体字整理表》和《汉语拼音方案》，推广普通话，是我国文字改革的先驱。

傅学礼（?）

俄文名德沃伊金。1929—1930 年在莫斯科中山大学学习。是莫斯科中国托洛茨基主义运动的领导人之一，后在肃反中遇难。

冯前（?）

俄文名瓦尔斯基。中国共产党党员，全联盟共产党（布尔什维克）预备党员。1926—1927 年在莫斯科中山大学学习。后被苏联驱逐出境。

曹轶欧（1903—1989）

俄文名丽娜。1933 年 7 月，和丈夫康生一起来莫斯科国际列宁学校学习，1935 年毕业。1935 年 7—8 月，化名林康，参加了共产国际第七次大会，拥有表决权。1937 年 11 月与丈夫一起回国。

贺子珍（1910 — 1984）

俄文名文云。1925年加入中国共产主义青年团。1926年加入中国共产党。曾任共青团永新县委书记、中共吉安县委妇女运动委员会书记。1927年在参加组织永新农民武装暴动后随其哥哥贺敏学上了井冈山。是井冈山地区从事武装斗争的第一位女党员。毛泽东上井冈山后，在毛泽东身边工作。1928年在湘赣边界特委和红四军前委机关做机要和宣传工作，同年与毛泽东结婚，任中共湘赣边特委机关秘书、毛泽东的秘书，是毛泽东的第二任妻子。1937年来莫斯科治病，同时在库奇诺的中共党校学习。1940年在莫斯科郊外莫尼诺镇的国际革命战士济难会中央委员会的疗养所疗养。1941年秋开始在伊万诺沃国际儿童院做保育员工作，后被送进了伊万诺沃州季诺沃—泰科夫斯基区的一个精神病院。1947年3月回国。

新中国成立后，任浙江省杭州市妇联主任，是第五届全国政协委员，杰出的妇女运动先驱。

蔡畅（1900—1990）

俄文名罗萨·尼古拉耶娃。蔡和森的妹妹，李富春的夫人。原名蔡咸熙，中国共产党早期领导人之一，无产阶级革命家、妇女解放运动领导人之一。蔡畅母亲葛健豪个性刚强，有坚定的政见，蔡畅兄妹成为共产党人，受母亲的影响极大。1913年，接受革命思想影响的母亲变卖自己的衣服和金银首饰等妆奁，带着儿子蔡和森、女儿蔡咸熙（蔡畅）及蔡畅的姐姐蔡庆熙一起进学校求学。蔡畅1924年到莫斯科东方劳动者共产主义大学学习，第二年被共产国际执行委员会调回中国。3年后，于1928年初回到苏联，参加中国共产党第六次全国代表大会（1928年6—7月）。会后参加了共产国际第六次大会（1928年7—9月）（大会编号030号），会后回国。

蔡畅是红军长征中年龄最大的女红军，还是中国共产党第一个最先致力于国际进步妇女运动的著名活动家。1947年2月和1948年11月，她先后两次代表中国解放区妇女联合会，出席了国际民主妇联理事会议，登上国际妇女活动舞台，开创了中国妇女国际交往的先河。蔡畅以卓越的才华、高雅的风度、谦和的品格，赢得国际民主妇联代表的拥戴，被推选为国际妇联理事、执委、副主席。从20世纪20年代起，她就是全国妇女运动的主要领导者。新中国成立后又担任全国妇联主席近三十年，其光辉的一生成为妇女解放运动的旗帜和骄傲。

蔡和森（1895—1931）

湖南省双峰县永丰镇人。中国共产党早期的重要领导人。杰出的共产主义战士，无产阶级革命家、理论家和宣传家。蔡和森是中共第二、三、四、五、六届中央委员，第三、四届中央局委员，第五、六届中央政治局委员、常委，担任过中共中央代理秘书长、中共中央宣传部部长、中共两广省委书记。 1895 年 3 月，蔡和森出生于上海，后随母亲回到家乡湖南双峰。1913 年进入湖南省立第一师范读书，期间，同毛泽东等人一起组织进步团体新民学会，创办《湘江评论》，参加五四运动。1921 年 10 月，蔡和森从法国归来，在中共三大、四大上当选为中央局委员，参与中央领导工作。并在中共五届一中全会上当选为中央政治局委员、常委，随后又兼任中共中央秘书长。1925 年 11 月，第一次来莫斯科参加共产国际执行委员会第六次扩大全会（1926 年 2—3 月）。在会上被选为大会主席团成员、民族和殖民主义问题委员会成员。当时他还被选入共产国际最高机构——执行委员会并成为主席团成员，一直工作到 1926 年 11 月的共产国际执行委员会第七次全会。后留在莫斯科作为中国共产党在共产国际的代表。1927 年 3 月回国。1928 年 6 月，再次来莫斯科，参加中国共产党第六次全国代表大会。会后回国，1929 年 1 月成为中共在共产国际中的代表团成员。同年 7 月参加了共产国际执行委员会第十次全会，9 月返回中国。1930 年 12 月，又来到莫斯科，参加了共产国际执行委员会关于“李立三主义”问题的主席团会议。1931 年 1 月回到中国，并被中共中央委员会派到香港工作。到港不久后就被英国警察逮捕，并被移交给国民党广东警方。牺牲在广州军政监狱，时年 36 岁。 2009 年 9 月 14 日，蔡和森被中央宣传部、中央组织部等 11 部门评为“100 位为新中国成立作出突出贡献的英雄模范人物”。

綦树功（1908—?）

俄文名基布功、尼古拉·阿列克谢耶维奇·涅克拉索夫。1924—1930 年是苏联共青团团员。1925—1927 年在莫斯科中山大学学习。1927—1930 年在莫斯科东方劳动者共产主义大学和莫斯科国际中山大学工作。后在肃反中遇难。

金维映（1904—1941）

俄文名丽莎、别名李莎（音译）。1926 年入党。1931 年在于都、胜利两县任县委书记，中央军委总动员部副部长，中华苏维埃共和国第二届中央执委，后参加长征。因长期战斗积劳成疾，1938 年 3 月抵达莫斯科学习、治病，在民族殖民问题科学研究所学习。1938 年 8 月被派到莫斯科郊外库奇诺的中共党校。1940 年被送到离波多利斯克不远的巴里瓦诺夫精神病医院。二战初期和其他病友一起被送到斯多尔波瓦雅站的莫斯科郊外医院。在途中遭遇德军航空队空袭身亡。

金明（1914—1990）

原名于卓君。1933 年 12 月 16 日抵达莫斯科。就读于莫斯科东方劳动者共产主义大学。7—8 月作为嘉宾出席了共产国际第七次大会（嘉宾编号 302 号）。1935 年 9 月参加了青年共产国际第六次大会，拥有表决权(大会编号 36 号)。1938 年被内务人民委员会逮捕，并被判罪。1955 年被释放，并恢复名誉，此后返回中国。

贾从周（1903—？）

俄文名库兹涅佐夫、斯捷潘·卢基奇·卢戈沃伊。1924 年加入中国共产党。1927—1930 年在莫斯科东方劳动者共产主义大学和莫斯科中山大学学习。是莫斯科的托洛茨基主义者领导人之一，后在肃反中遇难。

张闻天（1900—1976）

俄文名伊兹马伊洛夫。江苏省南汇县（今属上海市）人。原名应皋（也作荫皋），曾化名洛甫，字闻天。张闻天1925年加入中国共产党，1925年11月到莫斯科中山大学就读。两年后毕业，曾留校做老师和翻译。1928年9月被红色教授学院录取，直到1930年。曾在共产国际执行委员会东方部工作。1930年1月回国。

1933年进入中央革命根据地，1934年10月参加长征，途中出席遵义会议，对确立毛泽东的领导地位起了重要作用。1945年，在中共七届一中全会上，当选为中央政治局委员。新中国成立后，被任命为驻苏联大使及外交部副部长等职。1956年在中共八届一中全会上，当选为中央政治局候补委员。1959年被错定为“反党集团”成员，“文化大革命”中受尽迫害，于1976年7月1日含冤病逝。1979年8月，中共中央对其冤案予以平反昭雪。张闻天是杰出的无产阶级革命家、政治家和理论家、忠诚的马克思主义者、中国共产党在一个相当长时期的重要领导人之一。他在中国人民进行新民主主义革命、社会主义革命和建设的半个多世纪中，始终奋斗不息，把整个生命献给了这一壮丽的事业。

张太雷（1898—1927）

江苏省武进县人。杰出的无产阶级革命家，著名的政治活动家、宣传家。中国共产党早期的重要领导人之一，中国共产主义青年团的创始人之一和青年运动的卓越领导人。广州起义的主要领导人。张太雷是第一个被派往共产国际工作的中国共产党的使者、也是中国社会主义青年团最早派往青年共产国际的使者之一。1921年3月，到伊尔库茨克。被任命为共产国际远东秘书处中国科书记。3个月后，1921年6月赴莫斯科参加共产国际第三次大会，拥有表决权。向大会提交了关于中国革命运动的书面报告。会后，于7月参加了青年共产国际第二次大会，被选为青年共产国际执行委员会成员，拥有发言权。会后回国。1922年5月，被选为青年共产国际执行委员会成员，直到1924年。1923年8月陪同蒋介石访苏，1923年11月留在苏联参加青共国际执委会工作，兼中国社会主义青年团驻青年共产国际代表。1924年7月参加青年共产国际四大，再次当选执委会委员。1924年8月回国。1927年12月12日领导广州起义。在广州起义战斗中，遭到敌人枪击身亡，为探索中国革命道路献出了29岁年轻的生命。他是中共历史上第一个牺牲在战斗第一线的中央委员和政治局成员。2009年9月，张太雷被中央宣传部、中央组织部等11部门评为“100位为新中国成立作出突出贡献的英雄模范人物”。

蒋光慈（1901—1931）

俄文名乌特金。安徽霍邱（今安徽金寨县白塔畈镇白大村河北组白大小街）人。1920年，经陈独秀介绍，至上海参加社会主义青年团。1921年5月赴莫斯科，在莫斯科东方劳动者共产主义大学学习。次年加入中国共产党，1924年秋回国。

回国后从事文学活动，曾任上海大学教授。1927年与阿英、孟超等人组织“太阳社”，编辑《太阳月刊》《时代文艺》《新流》《拓荒者》等文学杂志，宣传革命文学。著有诗集《新梦》《哀中国》，小说《少年漂泊者》《野祭》《冲出云围的月亮》《咆哮了的土地》等。

1931年8月，病逝于上海。1957年2月，安徽省民政部门追认为革命烈士。

张国焘（1897—1979）

俄文名波波夫、斯比里多诺夫、科捷利尼科夫。1921年7月，参加在上海召开的中共第一次全国代表大会。1922年1月作为中共代表团团长赴苏俄参加远东民族代表大会。会后，在2月回国。在1923年2月再次来到莫斯科，在共产国际执行委员会第三次全会上做了关于中国问题的报告。1928年6月，作为中国共产党第六次全国代表大会代表，第三次赴莫斯科。会后又参加了共产国际第六次大会，在会上被选为共产国际执行委员会候补委员和该委员会主席团候补成员。后来作为中共在共产国际的代表长驻在苏联。1931年4月回国。1932年进入鄂豫皖苏区，成为根据地事实上的领导者。在红军长征途中，反对中央北上的决定，率部南下，另立“中央”，后被迫取消。1938年4月，投靠国民党，被开除出党。不久加入军统从事反共特务活动，1972年12月，病逝于加拿大多伦多。

张锡瑗（1906—1930）

邓小平的第一任夫人。1925年11月27日赴莫斯科中山大学学习，1927年秋天毕业后回国。后因难产，英年早逝。

瞿秋白（1899—1935）

俄文名斯特拉霍夫。生于江苏常州。中国共产党早期主要领导人之一，伟大的马克思主义者，卓越的无产阶级革命家、理论家和宣传家，中国革命文学事业的重要奠基者之一。1917年秋考入北京俄文专修馆学习。1921年1月，作为北京《晨报》记者首次来莫斯科。同年6—7月，出席共产国际第三次大会。之后进入莫斯科东方劳动者共产主义大学学习。同时兼任社会科学教研室的翻译和助理。1922年春，正式加入中国共产党。1922年11—12月，作为中国代表的翻译，出席了共产国际第四次大会。1923年春天回国。1923年底，参与国民党第一次全国代表大会宣言草案的起草。宣言确立了联俄、联共、扶助工农的新三民主义政策。1928年6月再次来到莫斯科，参加中国共产党第六次全国代表大会，被选为在共产国际中重新建立的中共代表团负责人。7—9月参加了共产国际第六次大会，拥有表决权（大会编号053号），被选为大会主席团和计划委员会成员，也是共产国际执行委员会及其主席团成员。1928年9月3日，被选为共产国际执行委员会政治秘书处成员，成为第一个进入国际共产运动最高机构的中国共产党人。1928—1930年，同时在国际列宁学校与莫斯科中山大学任教。曾是莫斯科中山大学下属的中国研究所主办的杂志《中国问题》的编辑。1929年5月，积极参加共产国际组织的反对陈独秀的右倾机会主义运动。1929年7月，参加共产国际执行委员会第十次全会，并被选入全会主席团。1929年秋，在巴黎参加了反帝国主义联盟大会。1930年夏天，在柏林参加了反对失业的游行示威。1930年7月，参加讨论批判李立三的冒险主义政策。此后他和周恩来被共产国际执行委员会派往中国，召开中共六届三中全会，批判立三冒险主义路线。但在1930年末至1931年初，他自己也因为在共产国际执行委员会的工作中所犯的“许多错误”而遭到了中国共产党新领导层的严厉批评。3月25日，在缺席的情况下，被从共产国际执行委员会主席团除名。但他仍然是共产国际执行委员会成员。1934年在中央苏区，任中华苏维埃共和国中央执委会委员、人民教育委员会委员、中央政府教育部部长等职。中央红军长征时瞿秋白奉命留在苏区坚持斗争。1935年2月，在福建长汀县被国民党军逮捕，6月18日就义，时年仅36岁。

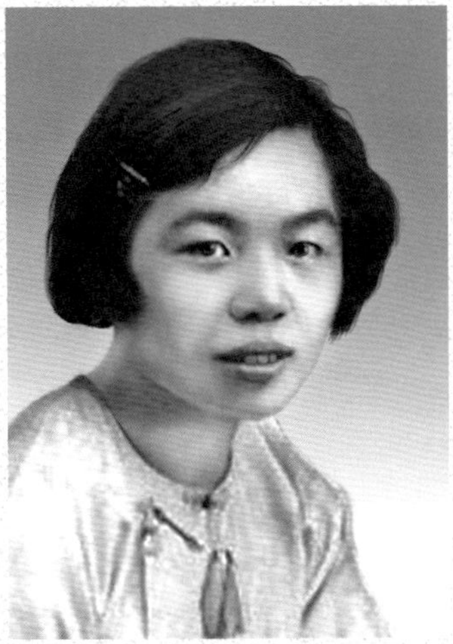

张琴秋（1904—1968）

俄文名格拉希莫娃。浙江桐乡县人。毕业于浙江省立女子师范学校，学名张悟。张琴秋是著名的红军女将领，1924 年 11 月加入中国共产党，1925 年底，受党组织派遣，到莫斯科中山大学就读。1930 年回国。1931 年被派往鄂豫皖苏区工作。长征期间，曾任红四方面军政治部主任、中共中央西北局委员等重要职务。新中国成立后，张琴秋担任了纺织工业部党组副书记、副部长。在解放军出版社出版的《解放军将领传》中，专门介绍了张琴秋，视她为没有军衔的红军将领。《中国军事大百科全书》中，认定张琴秋为红军唯一的女高级将领。“文化大革命”爆发后的 1968 年，被迫害去世。1979 年平反昭雪，徐向前元帅亲自主持了她的追悼会。

周保中（1902—1964）

俄文名康德拉舍夫。云南大理人，白族。1926 年，在国民革命军第六军中任团长、副师长。1927 年参加中国共产党。1928 年 11 月，受中共中央派遣赴苏联莫斯科，先后入东方劳动者共产主义大学和国际列宁学院学习。1931 年，九一八事变后回国。1932 年 7 月，到哈尔滨，任中共满洲省委军委书记。1945 年 9 月中旬，东北抗日联军教导旅扩建为东北人民自卫军，周保中任总司令兼政治委员。是东北抗日联军的主要创始人和东北地区抗日游击战争的主要领导人之一。中华人民共和国成立后，曾任云南省人民政府副主席、西南军政委员会政法委员会主任兼民政部部长等职。1955 年，被授予一级八一勋章、一级独立自由勋章和一级解放勋章。1964 年 2 月 22 日，在北京病逝。

涂作潮（1903—1984）

俄文名沃罗达尔斯基，湖南长沙人。1920 年湖南劳工会首批会员。1924 年 5 月加入中国共产党。1925 年全国第二次劳动代表大会代表，同年 11 月就读于莫斯科东方大学，学号 2712 号。1927 年 6 月起在贝克沃基地接受特工技术培训。1928 年中共六大指定参加代表。1928 年就读于伏龙芝军事通信联络学校。1929 年肄业后在远东游击队任机务员。1930 年 3 月在上海中央特科四科任机务员和机务教员。同年起先后任中央军委材料处主任和材料厂厂长，中央红军无线电队机务员、政委。1931 年到 1936 年为红军的电台秘密增设了多项硬件。1936 年在西安制作 5 瓦交流、5 瓦交直流两用和 100 瓦电台各一部。1958 年任上海电机厂厂长助理，期间一个人成功研制电机转子短路测试仪。后长期在我国技术部门工作。1984 年 12 月逝于北京。

朱怀德（1905—？）

俄文名奥库涅夫。中国共青团员，于 1925 年加入中国共产党。苏联共青团员，并于 1926 年成为全联盟共产党（布尔什维克）预备党员。1926—1927 年在莫斯科中山大学学习。后被从苏联驱逐出境。

陈琪（1906—？）

俄文名安东·费多罗维奇·索罗维耶夫。1926 年加入中国共青团。1926—1929 年在莫斯科中山大学学习。1927 年加入托洛茨基主义反对派。后被驱逐到阿塞拜疆，接着被驱逐到远东，后在肃反中遇难。

盛忠亮（1907—2007）

俄文名米茨科维奇。1926 年 12 月，到莫斯科中山大学学习。1928 年毕业后，留校做翻译。1930 年，作为中央委员会滨海边疆区党小组成员被派到苏共边疆区委员会工作。1931 年，成为符拉迪沃斯托克市委组织当地中国人工作的指导员。同时也是苏联远东中文拉丁化委员会的成员。1932 年，任边疆区报纸《工人之路》的执行秘书。7 月 19 日，被共产国际执行委员会召回。1933 年 1 月回国，一年半后，于 1934 年 10 月被国民党警察逮捕后叛变。

周恩来（1898—1976）

俄文名莫斯克文。原籍浙江绍兴，江苏淮安人。1921年加入中国共产党，是伟大的马克思主义者，伟大的无产阶级革命家、政治家、军事家、外交家，党和国家主要领导人之一，中国人民解放军主要创建人之一，中华人民共和国开国元勋，是党的第一代中央领导集体的重要成员。1928年6月，首次到莫斯科参加中国共产党第六次全国代表大会。同年7—9月，参加共产国际第六次大会，拥有表决权（大会编号036号），被选为共产国际执行委员会候补委员。会后回国。1930年4月，作为中共在共产国际的代表团团长第二次到苏联。同年6—7月参加了苏共第十六次代表大会，作了题为《中国革命高潮与中国共产党》的报告。7月在共产国际执行委员会上，作了题为《中国革命新高潮的特点与目前党的中心任务》的报告。7月底和斯大林会面，向他介绍了在中国的革命发展和红军的行动情况。8月下旬与瞿秋白一起，被共产国际执行委员会派往中国，召开中共六届三中全会，批判立三冒险主义路线。会后留在国内领导党内工作。1935年8月，在缺席共产国际第七次会议的情况下，被选为共产国际执行委员会成员。1939年8月底，与夫人邓颖超一起第三次来莫斯科治病。12月29日在共产国际执行委员会秘密会议上，作了关于中国形势的报告。1940年1月，将关于中国形势的报告发给了斯大林。1940年3月，带着苏联领导人送给中共中央委员会的30万美元回国。在中华人民共和国成立以后，经常对苏联进行国事访问。

周恩来先后担任政务院总理、国务院总理长达26年，为积极探索符合我国国情的社会主义建设道路，全面组织和实施社会主义各项建设事业，兢兢业业，殚精竭虑。在政治、经济、外交、国防、统战、科技、文化、教育、新闻、卫生、体育等各领域倾注了大量心血，作出了奠基性的贡献。在“文化大革命”极端复杂的特殊环境下，周恩来忍辱负重，苦撑危局，作出了常人难以想象的努力，全力维护党和国家正常工作的运转，全力维护党的团结统一，尽一切可能减少损失。周恩来参与领导了革命和建设时期党的各项重大工作，为党的每一个重大胜利付出了大量心血。在长期实践中，他注重把马克思主义原理同我国具体实际结合起来，认真总结革命和建设正反两方面的经验，深入进行理论思考，深刻阐释党的理论和路线方针政策，在党和国家建设等各个领域都作出了理论建树。1976年1月8日，周恩来在北京逝世。由于他一贯勤奋工作，严于律己，关心群众，被称为“人民的好总理”。

陈为一（1903—1938）

俄文名契科夫。1926 年底抵达苏联。1927 年 1 月至 1928 年 10 月，在符拉迪沃斯托克苏维埃远东地区中国海员俱乐部任指导员。还在苏维埃党校教授和学习俄语。1928 年 7—8 月，作为中国代表团助理参加共产国际第六次大会。1928 年进入莫斯科东方劳动者共产主义大学学习。同年 10 月，转到莫斯科中山大学读研究生，并任翻译。1929 年，在莫斯科中山大学教西方历史，同时在国际列宁学校任教。1932 年，他和娜塔丽娅结婚。1933 年，双方亲属因反苏言论被捕。陈为一试图帮助他们，最终被迫分离。1934 年 1 月，他被国际列宁学校解聘，被任命为工会国际东方部秘书处科员。1936 年被调到共产国际执行委员会秘书处，任该委员会总书记格奥尔基·季米特洛夫的助理。两个月后，被调到莫斯科东方劳动者共产主义大学当初级研究员。之后被转到民族殖民问题研究所做研究生和翻译。1937 年，在大规模逮捕和清洗中，被开除党籍，1938 年被捕。1938 年 10 月 2 日遇难，被葬在布托沃公墓。

陈独秀（1879—1942）

俄文名斯塔利克。安徽怀宁（今安庆）人。中国近代史上伟大的爱国者、伟大的革命家与改革家、伟大的民主主义者和启蒙思想家。1918 年和李大钊创办《每周评论》，提倡新文化，宣传马克思主义，俗称“南陈北李”，是五四新文化运动的主要领导人之一、20 世纪中国第一次思想解放运动的倡导者、五四运动的总司令和思想指导者。陈独秀不仅是马克思主义的积极传播者，也是中国共产党最重要的创始人。1920 年，在共产国际的帮助下，陈独秀首先在上海建立中国共产党的发起组织，进行建党活动。1921 年 3 月 24 日，陈独秀受陈炯明之邀赴广东。7 月，在上海举行的中国共产党第一次代表会议上，被选为中央局书记。1922 年 11—12 月，到莫斯科参加共产国际第四次大会，是拥有表决权的正式代表。回国后被选为中共第二、三届中央执行委员会委员长，第四、五届中央委员会总书记。1927 年大革命失败后，党的八七会议批评陈独秀犯有右倾错误。1929 年中共中央正式决议，将陈独秀等托派成员开除出党。

陈潭秋（1896—1943）

俄文名徐德（徐杰）。湖北黄冈县（今湖北省黄冈市黄州区）陈策楼人。无产阶级革命家。1920 年和董必武等 7 人创建武汉共产主义小组，组织马克思主义学说研究会。1921 年创办湖北人民通讯社，任社长。7 月，陈潭秋与董必武参加了中共一大。回武汉后，先后任中共武汉地委、武昌地委、湖北地委主要负责人。1923 年 2 月，发动并领导了武汉各工团学生组织支援京汉铁路工人的罢工斗争。1935 年 8 月，到莫斯科参加共产国际第七次大会。后留在莫斯科，在共产国际的中共代表团中工作。1935 年 8—9 月，参加了青年共产国际第六次大会。在苏联时，还在国际列宁学校学习和工作，1937 年接替康生任中国部主任。1938 年被转到苏联外国工人出版社，在那里编译了《苏联共产党（布）历史简明教程》。1939 年 5 月 5 日被派回国，任中共驻新疆工作的代表。1943 年 9 月 27 日，与毛泽民、林基路等人一起，被投奔蒋介石的新疆军阀盛世才杀害。

陈云（1905—1995）

曾用名廖陈云。俄文名施平。江苏青浦人（现上海），伟大的无产阶级革命家、政治家，杰出的马克思主义者，中国社会主义经济建设的开创者和奠基人之一，党和国家久经考验的卓越领导人，是党的第一代中央领导集体和党的第二代中央领导集体的重要成员。陈云在长征途中参加了遵义会议，会后撰写了《遵义政治局扩大会议传达提纲》。同年 6 月奉命中途秘密离开长征队伍，只身到达上海，从事恢复共产党的秘密工作。随后去莫斯科，第一个向共产国际执行委员会报告了在贵州遵义召开的确立了毛泽东在党内领导地位的中共中央政治局扩大会议（1935 年 1 月 15—17 日）的决定。曾在共产国际的国际监督委员会工作，同时在国际列宁学校学习。1936 年，在共产国际执行委员会刊物《共产国际》上发表了关于长征和毛泽东在中国革命中作用的文章。撰写了最早宣传红军长征的《随军西行见闻录》，并参加中共驻共产国际代表团。陈云在 20 世纪 30 年代初就担任党中央的领导工作，经历了我们党领导人民进行革命、建设、改革各个历史时期几乎所有重大事件，参与了党中央在不同历史时期一系列重大决策的制定和实施，多次在党和人民事业发展的关键时刻、在党和国家的重大决策中发挥了十分重要的作用。党的十一届三中全会以后，他作为党的第二代中央领导集体的重要成员，党和国家的主要决策人之一，为带领全党进行思想路线、政治路线和组织路线的拨乱反正，为制定和执行以经济建设为中心、坚持四项基本原则、坚持改革开放的基本路线，正确解决中华人民共和国建立以来的许多历史遗留问题和现实生活中出现的新问题，成功地开创建设有中国特色社会主义事业，作出了重大贡献。

陈昌浩（1906—1967）

俄文名弗拉基米尔·彼得洛维奇·伊祖穆鲁德夫。武汉市汉阳县永安堡戴家庄人（今武汉市蔡甸区奓山街）。1926年，到莫斯科中山大学学习。1929年1月成为布尔什维克党员。1930年3月毕业，在青年共产国际任翻译。1930年11月回国后，转为中国共产党员。1934年1月增选为候补中央委员，同年被选为中华苏维埃共和国中央执行委员。曾任红四方面军的总政委、西路军军政委员会主席。西路军失败后，1939年8月，第二次到莫斯科，主要是到莫尼诺和库奇诺治病。1940—1942年在库奇诺的中共党校学习。接着在苏联外国工人出版社中国部工作。1940年因为和张国焘的关系而被共产国际执行委员会审问。1941年7月，驱逐到乌兹别克斯坦。1952年和夫人阿格里皮娜·叶菲莫夫娜·古萨科娃及儿子维克托回国。担任中央编译局副局长等职务。1967年含冤辞世。1980年恢复名誉。陈昌浩是中国共产党的优秀党员，忠诚的无产阶级革命战士。

师哲（1905—1998）

俄文名米哈伊尔·亚历山大洛维奇·卡尔斯基。陕西省韩城县（今韩城市）西庄镇井溢村人。1925年9月来到苏联。1925—1927年在基辅加米涅夫军事学院学习。1927年10月被调到莫斯科的共产国际军事工程学院。1928年6月任培训班指挥员和教师。后在国际革命战士济难会的莫尼诺第二国际儿童院做教学工作。1929年被派到新西伯利亚内务人民委员会工作。1931年加入苏共。1933年获苏联国籍。同年与阿列夫基娜·亚历山大罗夫娜·琴佐娃结婚。1938年12月苏联大清洗期间，因是外国人而被免去内务人民委员会的所有职务。同年又被任命为国际革命战士济难会（援助工人的国际组织）副会长。1939年3—6月，师哲在中共党校任助教，同时还是共产国际中国代表团团长任弼时的秘书。1940年3月奉调回国。1949年底至1950年初作为毛泽东的翻译再次访问莫斯科。

作为俄文翻译，曾先后随毛泽东、周恩来、朱德等人访问苏联及东欧。他参加了中苏两国领导人的对话，在他们之间架起语言的桥梁。师哲还主持过中共中央马列著作编译局、俄语专修学校和外文出版社的工作，分别任首任局长、校长、社长。

袁庆云（1899—1926）

1923 年 4 月进入莫斯科东方劳动者共产主义大学学习。在共产国际第四次代表大会做技术工作，曾是共产国际新闻局俄罗斯部工作人员。曾任英、意、法、俄语翻译。1925 年成为中共莫斯科支部的领导人之一。曾在莫斯科东方劳动者共产主义大学任翻译。1926 年初回国，并很快去世。

俞秀松（1899—1938）

俄文名鲁本·纳里曼诺夫。1921 年 4 月，第一次来莫斯科参加青年共产国际第二次大会。第二次来莫斯科是 1922 年 1 月，作为代表参加远东人民代表大会。1925 年秋，第三次到莫斯科——这次是在莫斯科中山大学学习。俞秀松在莫斯科成为中共莫斯科支部的领导人之一，并在 1927 年大学毕业后被派到国际列宁学校，在那里学习和工作到 1932 年 10 月 29 日。1933 年初被苏共中央委员会派遣到哈巴罗夫斯克，任中文报纸《工人之路》的副主编。两年后被派到新疆，领导该地区的反帝联盟，并出版《反帝战线》报。1937 年底被军阀盛世才逮捕，并移交给苏联内务人民委员会。在卢布扬卡的地下室被指控参与反革命的“托派集团”，并被判处死刑。1957 年 8 月 3 日恢复名誉。

杨之华（1900—1973）

俄文名斯特拉霍娃。1924 年加入中国共产党。1928 年 5 月与丈夫瞿秋白和女儿来到莫斯科，参加了中共第六次全国代表大会和共产国际第六次大会。后在莫斯科中山大学学习。1935 年第二次来莫斯科，参加共产国际第七次大会。也是中国共产党代表和国际革命战士济难会中央委员会主席团成员。同时在国际列宁学校学习。1941 年回国途中在新疆被反动派逮捕。1945 年出狱后到延安任中共中央妇委委员，晋冀鲁豫中央局妇委书记。新中国成立后，先后任全国妇联副主席、中华全国总工会女工部部长等职。1962 年当选为中央监察委员会委员、候补常委。1973 年 10 月 20 日在“文化大革命”中被迫害致死。

沈泽民（1902—1933）

俄文名古德科夫。浙江桐乡人。中共早期重要的领导人，鄂豫皖边区的创立者，沈雁冰（茅盾）之弟。1921年5月加入上海共产主义小组。1922年1月出席中国共产主义青年团第一次全国代表大会，当选为团中央委员。1926年起在莫斯科中山大学学习，毕业后留校任教师和翻译。1928年作为中国代表团的翻译，参加了共产国际执行委员会第九次扩大全会。全会以后沈泽民按共产国际执委会的命令，参加了中共六大的筹备工作，并任翻译。1931年初，在中共六届四中全会上被补选为中央委员，任中央宣传部部长。同年4月调鄂豫皖革命根据地工作，被中共中央指定为鄂豫皖分局书记。1933年1月，主持召开中共鄂豫皖边区党的第一次代表大会，被选为书记。10月红四方面军主力西征后，负责全面领导鄂豫皖革命根据地工作。11月20日，因病在湖北黄安县（今红安）逝世。

余飞（1902—1956）

1928年到莫斯科中山大学学习。1928年6—7月参加了中国共产党第六次全国代表大会，之后参加了共产国际第六次大会，拥有表决权（大会编号052号）。会后作为在共产国际中的中共代表团成员留在了莫斯科。与邓中夏、苏兆征一起，在工会国际代表中国劳动者联盟。1928年8月和1929年1月，代表中华全国总工会参加在柏林举行的反帝同盟执行委员会扩大全会。1929年7月，参加了共产国际执行委员会第十次全会。同年8月初，在反帝同盟第二次大会上，被选为执行委员会成员。1929年8月15日，在符拉迪沃斯托克太平洋工会秘书处第二次会议上，代表中华全国总工会。12月，参加了工会国际执行局第六次全会。1930年夏天，余飞回国。一年后，在国内因反对共产国际的新路线而被开除出党。1932年9月被国民党逮捕并叛变。1955年被逮捕，1956年死于狱中。

杨华波（1908—?）

俄文名科罗连科 。中国社会主义青年联盟成员，苏联共青团员。1926—1927年在莫斯科中山大学学习。后被苏联驱逐出境。

杨松（1907—1941）

俄文名尼古拉·伊万诺维奇·瓦西利耶夫。1927 年到莫斯科中山大学就读。毕业后按共产国际执行委员会的决定，留校任翻译和政治经济学教员。1931 年初被派到符拉迪沃斯托克，领导太平洋工会秘书处中国分部。1933 年夏，太平洋秘书处被撤销后回到莫斯科，在工会国际东方部工作。同时在共产国际中共代表团负责处理满洲里事务。1935 年 1 月，在共产国际远东秘书处任初级顾问。被派往符拉迪沃斯托克，在满洲里与中共中央建立联系，并组织输送来自中国的共产党大学生到苏联。1935 年 7—8 月参加了共产国际第七次大会，9—10 月参加青年共产国际第六次大会。1935 年 12 月因输送来苏联学习人员工作中犯下“大错”，被免去所有职务。1938 年 2 月回国，在中共中央宣传部工作。1941 年 11 月 23 日，因肺结核病去世。

杨尚昆（1907—1998）

俄文名萨尔特科夫。四川省潼南县双江镇（今属重庆）人。1925 年加入中国共产主义青年团，1926 年转入中国共产党，并入上海大学学习。1926 年 11 月到莫斯科中山大学学习。毕业后，于 1930 年初被录取为莫斯科中山大学中国研究所研究生。在整风运动期间，大学领导决定把他派到“红色无产者”工厂当普通工人。他和莫斯科中山大学的阴剑（音译）同志一起把斯大林的《关于反对派》翻译成了中文，此后去雅尔塔的疗养院疗养。后回莫斯科，继续自己的研究生学业，同时在工会国际和共产国际执行委员会东方部当翻译。1930 年 8 月，出席了工会国际第五次大会，会上和会后任大会代表和中共在工会国际的代表刘少奇的翻译。1931 年 2 月 17 日回国。

参加革命 70 年来，担任党、国家、军队各种重要职务。1966 年 5 月，杨尚昆被打成所谓“反党集团”成员。在“文化大革命”的动乱岁月里，杨尚昆受到林彪、江青一伙的残酷迫害，被监禁达 12 年之久。在逆境中，他仍然坚持学习马列主义和毛泽东思想，始终关注党和社会主义建设事业的前途与命运，忠诚于党和人民的事业。党的十一届三中全会后，党中央为杨尚昆彻底平反，恢复了名誉。他坚决贯彻执行党中央制定的把工作重点转移到社会主义现代化建设上来的战略决策和一系列方针政策，参与领导广东实行特殊政策、试办经济特区等工作。杨尚昆作为党的第二代中央领导集体的重要成员，参与党和国家各项重大决策，为新时期社会主义现代化建设和改革开放事业作出了重大贡献。对党的第二代中央领导集体向党的第三代中央领导集体顺利过渡，发挥了重要作用。杨尚昆是伟大的无产阶级革命家、政治家、军事家，坚定的马克思主义者，党、国家和人民军队的卓越领导人。他献身革命七十余年，为中国人民的解放事业和建设事业贡献了毕生精力，为新时期改革开放和社会主义现代化建设事业作出了重大贡献。

王茂华（1905—?）

俄文名伊多戈夫。1905年生于湖北黄安。1926年加入黄安农协，在农民中从事宣传工作。1926年加入国民党，同年加入中国社会主义青年团。1927年加入中国共产党，同年6月受黄安党委推荐赴莫斯科学习。1927—1928年在孙逸仙中国劳动者大学学习（1928年10月起更名为中国劳动者共产主义大学），之后在军事院校学习。

王志文（1905—?）

俄文名斯比利多诺夫。1905年生于江苏常州。1926—1927年任中国政府顾问鲍罗廷的秘书。毕业于上海大学政治经济系，在校期间加入国民党。1927年在莫斯科中山大学学习并任翻译。

韦秀英（1905—?）

俄文名芭扎洛娃。1905年生于广西永福。1923年中学毕业。1925年在上海体育学校学习。1925年8—10月在中共桂林县委妇女部工作。1926年加入国民党。1926年9月—1927年在莫斯科中山大学学习。

甘家坤（？—？）

俄文名瓦列林。生于湖北武昌，1925年3月—1926年5月为国民党湖北省委组织部委员，参加过学生运动。1926年5—9月任国民党支部书记，并任几个县的指导员。1926年9—12月任汉口宣传委员会委员。1926—1927年在莫斯科中山大学学习。

高煊（1898—？）

俄文名巴勒索夫。1898年生于广西南宁。1920年加入国民党，在上海从事宣传工作。1924—1925年在云南的朱培德军队中任宣传员。在国民党的刊物中发表了一些宣传文章。1925年因宣传三民主义被捕坐牢1年。1924年任广东党校执委会委员。1925年在青年人中做组织宣传工作，同年任广东执委会经济部委员，国民党广东军事组织财务主任。曾在北京大学法律系学习三年。1926年9月赴莫斯科学习。1926—1927年在莫斯科中山大学学习。

郭雨苍（1900—？）

俄文名纽伦别尔克。1900年生于浙江绍兴。1923年加入国民党，在浙江省杭州区支部局任书记，同时参加杭州的学生协会工作，任组织部部长。1926年加入中国共产党，是上海市的区支部组织者并任书记。1926年加入印刷工人和邮政工作者工会，负责管理组织部和宣传部。1926年9月抵达苏联。1926—1927年在莫斯科中山大学学习，是学校的党小组组织者、班长。

嵇明（1895—？）

又名嵇文南，俄文名伊萨耶夫。1895 年生于河南汲县。1918—1926 年在中学任教。毕业于北京大学哲学系。1925 年加入国民党，1925—1926 年任国民党河南省党部青年部长。1926 年加入中国社会主义青年团，在青年中从事组织宣传工作。后加入中国共产党，党龄为三个月。1926 年由河南省委派赴莫斯科学习。1926—1927 年在莫斯科中山大学学习。

董芝贵（1907—？）

俄文名斯基彬。1907 年生于浙江鄞县。1925 年参加过上海和宁波的学生运动，并在上海参加了五卅运动。1926 年在沪加入中国共产党，是工会委员会委员，在闸北区参加了工会运动。1927—1930 年在莫斯科中山大学（中国劳动者共产主义大学）学习。1930 年在中大清党时被审查，宣布开除出党。之后根据上诉委员会的决议撤销开除处分改为警告处分。

叶立三（1906—？）

俄文名伊格林娜。1906 年生于河南济源。在开封市上过三年中学。1927 年起在妇女运动训练班工作，曾是汉口市委妇女部委员，在汉口市的工人中从事宣传工作，后来在河南省农民中从事宣传工作。1927 年加入国民党，在妇女运动训练班中负责宣传工作。1927 年加入中国共产党，继续在河南农民中从事宣传工作。1927 年中共河南省委推荐其赴苏学习。1927—1930 年在莫斯科中山大学（中国劳动者共产主义大学）学习。1930 年参加了学校组织的生产实践，在特廖赫果勒纳亚（“三山”）纺织厂的纺纱车间做工。

王明（1904—1974）

原名陈绍禹，俄文名格鲁别夫。1904 年生于安徽金寨县双石乡（时属安徽省六安县）。1924 年中学毕业后考入国立武昌商科大学预科学习，在该校学习一年时间。在武汉参加了五卅运动并加入了国民党。1925 年被派往莫斯科学习。1925—1929 年间在莫斯科中山大学学习、工作，并在校加入中国共产党。1926 年起为校中共党支部主席。1929 年回国，任中共上海沪东区委宣传干事，后调中共中央宣传部任《红旗》报编辑。1930 年底任江苏省委书记。1931—1937 年间，任中共驻共产国际代表团团长。1931—1935 年，任共产国际执委会政治秘书处政治委员会委员。1939—1943 年，被选为共产国际执委会书记处书记。1931—1969 年间为中共中央委员，1931—1945 年间为中央政治局委员。1937—1938 年任中共中央书记处书记、长江局书记。1938—1939 年任中共中央统战部部长。1945 年任中共中央政治研究室主任。1946 年任中央法律问题研究委员会主任。1949 年后担任中华人民共和国政务院法制委员会主任。1950 年中共中央七届三中全会上因抗战时期观点错误遭受批评。1950—1953 年在苏联治病。1953 年 12 月回国后，继续在中央法制委员会工作。1931—1934 年间，王明在党内推行了一条以教条主义为特征的“左”倾冒险主义路线，对革命事业造成了极大危害。1956 年以治病为名滞留苏联。1974 年 3 月在莫斯科病逝。

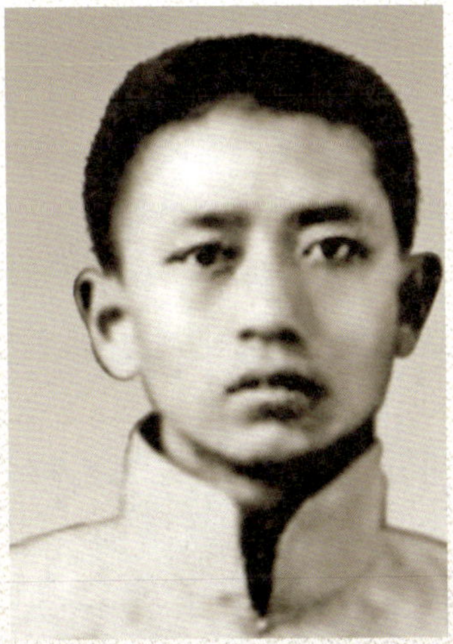

尹宽（1896—1966）

俄文名梁赞诺夫。1896 年生于安徽桐城。参加过学生爱国运动。1919 年 11 月赴法国勤工俭学。1920 年参加法国的学生运动。1922 年参与组织旅欧中国少年共产党。1923 年 6 月加入国民党，任国民党旅欧支部筹备员。不久加入中国共产党。同年 11 月被派赴苏联学习。1923—1924 年在斯大林共产主义东方劳动者大学（东大）学习。1924 年夏结业回到上海，任中共中央局秘书，协助陈独秀处理党中央日常事务。1925 年 1 月，出席中共第四次全国代表大会。2 月改任中共中央巡视员，赴济南指导山东党的工作。参与创建中共山东地方执行委员会，任书记。不久兼任中国共产主义青年团山东地方执行委员会书记。8 月调任由地委扩大为上海区执行委员会的书记兼宣传部部长。1926 年 4 月，任中共上海区委宣传部主任。1927 年 2 月，继续当选为中共上海区委（江浙区委）主席团委员、宣传部部长。出席了中国共产党第五次全国代表大会。1927 年 5 月下旬，改任中央宣传部宣传科科长。6 月下旬，兼任中央党校筹备处副教务主任，并主编《向导》周报。10 月，以中央巡视员身份赴安徽主持党的工作。12 月初，被指定为中央编辑委员会委员。1928 年 3 月，任中共安徽省临时省委书记。1929 年 11 月被开除出党，后来在狱中度过近 20 年，1966 年去世。

邓发（1906—1946）

俄文名方林。1906 年生于广东云浮。杰出的无产阶级革命家，中国共产党前期领导人之一，中国工人运动的早期领导人。1921 年到香港做工。1922 年是香港海员大罢工的领导人之一。1925 年加入中国共产党。1925—1926 年为省港大罢工的领导人之一。参加过北伐战争。1927 年领导广东石油工人工会，参加了广州起义。1928—1929 年，历任中共香港市委书记、中共广州市委书记、中共广东省委常委兼组织部部长，并领导香港各工会。1930 年调往福建，任中共闽粤赣边特委书记兼军委会书记。1931—1934 年任中共苏区中央局委员，担任红军总司令部政治保卫处处长，负责红军的政治保卫工作，后为第一任国家政治保卫局局长，并被选为中共中央政治局候补委员。1934—1935 年参加长征，任纵队政治委员。抗日战争期间，先后任中共驻新疆代表、中共中央党校校长、中共中央职工运动委员会书记、民运委员会书记。1936 年 6 月—1937 年 9 月，任中共驻共产国际代表团团长。在中共六届三中全会和第七次全国代表大会上当选为中央委员。在六届五中全会上，当选为政治局候补委员。1945 年 9 月，代表解放区职工出席在巴黎召开的世界职工代表大会。1946 年 4 月 8 日，同博古、叶挺、黄齐生等人一同返延安时，因飞机失事在吕梁市兴县黑茶山遇难。

赖芳赓（1903—？）

俄文名别姆。1903 年生于湖南醴陵。1921 年加入国民党，在军队中从事了三年的宣传工作。1923 年参加了数次军事行动。1924 年于军校毕业。在广东军队中服役一年，军衔为军士。1926 年从广东赴苏联。1926—1927 年在莫斯科中山大学学习。

叶剑英（1897—1986）

俄文名尤赫诺夫。1897年生于广东梅县。伟大的无产阶级革命家、政治家、军事家、战略家，久经考验的共产主义者、坚定的马克思主义者，中华人民共和国和中国人民解放军的缔造者和领导人之一，中华人民共和国十大元帅之一，中国特色社会主义改革开放和现代化建设的重要开拓者和奠基人。1919年毕业于云南讲武堂并加入国民党，后在黄埔军校任教。1927年加入中国共产党，同年分别参加了南昌起义和广州起义。起义失败之后，被迫潜往香港。1928年被党组织派赴莫斯科中山大学，学习政治理论和军事。1930年回国，翌年抵达中央苏区。历任中央革命军事委员会委员兼总参谋部部长（即总参谋长）、红一方面军参谋长、闽赣军区司令员等职务。参与指挥第二、三、四次反“围剿”战役。参加了长征，任一纵队司令员、前敌总指挥部参谋长。抗日战争时期，任八路军参谋长，并协助周恩来在国民党统治区做统战工作。中华人民共和国成立后，1949—1953年，先后任广东省人民政府主席兼广州市市长、华南军区司令员、中共中央中南局代书记等职务。1955年被授予元帅军衔。后任中央军委副主席、国防部部长等军事领导职务。1978—1983年，任全国人民代表大会常务委员会委员长。1985年主动请求不再担任中央领导职务。

叶剑英长期担任党和国家的重要领导职务，是以毛泽东同志和邓小平同志为核心的党的第一代和第二代中央领导集体重要成员，是我们党、国家和军队的杰出领队。1976年，叶剑英同中央其他领导同志一道，代表党和人民的意志，一举粉碎了“四人帮”反革命集团，从危难中挽救了党、挽救了国家。叶剑英排除阻力，坚决主张请邓小平、陈云等老一辈革命家立即出来主持党和国家的领导工作。坚决主张平反一切冤假错案，坚决支持关于真理标准问题的讨论，为党的十一届三中全会确立正确的路线方针政策，实现党和国家工作的伟大历史性转折，作出了重要贡献。他全力支持邓小平同志开创的社会主义改革开放和现代化建设事业。在六十多年的革命生涯中，他为中国人民的解放事业和社会主义建设事业殚精竭虑，作出了重大贡献，建立了丰功伟绩，深受全党、全军和全国人民的爱戴与敬重。1986年逝世于北京。

李光亚（1906—?）

俄文名斯托波夫。1906 年生于奉天盖平。曾在北京中法大学文学系学习两年。1924 年加入国民党和中国社会主义青年团。1925—1926 年在学生中从事组织宣传工作。1926 年赴苏联，1926—1929 年在莫斯科中山大学学习。因加入托洛茨基反对派被苏联驱逐出境。

黎光霁（1905—?）

原名钟永沧，俄文名普洛特尼科夫 。1905 年生于陕西宁强。曾在上海中华工业专门学校学习并在中学任教。1925 年参加了五卅反帝爱国运动。1923 年加入中国社会主义青年团，任陕西团支部书记。1924 年转为中国共产党员，任党支部书记，1927 年 8 月—1928 年 1 月，任开封市委书记、工人农民委员会委员。1927 年加入国民党，从事青年组织宣传工作。1929 年受河南省委委派赴苏联。1929—1930 年，在中国劳动者共产主义大学（即莫斯科中山大学）学习。在校期间被选为学生协会委员。1930 年加入苏联共青团。同年作为中国在莫斯科的托派领袖遭到审查清洗。1931 年返回上海，后脱离党组织。

李永达（1905—?）

俄文名伊斯班采夫。1905 年生于湖北枣阳。1922 年在县中学组织学生联合会。1923—1924 年在中学学习。1925 年加入国民党，在本县农民中从事宣传工作，并被选为区委委员、地方工人支部书记。1926 年于武昌加入中国社会主义青年团，任团小组长。1926 年加入中国共产党，任县委工人部部长、党支部书记。1927 年 3 月起在武昌和枣阳的工人学习班从事宣传工作，任学生联合会及青年联合会委员。1926 年起在武昌国民党军校第二营服役。1927 年受湖北省军委派遣赴苏联学习。1927 年到莫斯科后进入东方大学，后转入共大（即中山大学）。1927 年 9 月—1928 年 8 月在东大军政班学习，在侨民中从事宣传工作。

李富春（1900—1975）

俄文名格里戈里耶夫。1900 年生于湖南长沙。1919 年赴法国勤工俭学，1921 年加入中国社会主义青年团，1922 年加入中国共产党并成为党的领导人之一。杰出的无产阶级革命家，忠诚的马克思主义者，党和国家的卓越领导人，我国社会主义经济建设的奠基者和组织者之一。1925 年任中共江西省委代理书记，1925—1926 年在共产主义东方劳动者大学（东大）学习。1927 年起历任江苏省委宣传部部长、代理省委书记、上海法南区委书记、广东省委宣传部部长、代理省委书记。1931 年任中共江西省委书记。1934 年参加长征，任红军总政治部副主任、红三军团政委。到达陕北后，任陕甘宁省委书记。1937—1945 年抗日战争时期，历任中共中央秘书长、组织部副部长、财政经济部部长、办公厅主任。解放战争时期，历任中共中央西满分局书记，中共中央东北局常委、副书记，东北人民政府副主席，东北军区副政委。新中国成立后，由东北调中央工作，任中央人民政府政务院政务委员、财政经济委员会副主任兼重工业部部长（1953 年 9 月兼国家计委副主任）。1954 年 9 月起，任国务院副总理兼国家计委主任。1956 年党的八大后，任中共中央政治局委员、书记处书记（八届十一中全会后曾任中央政治局常委），成为新中国经济建设的重要领导者。1975 年逝世于北京。

在五十多年的革命生涯中，他英勇奋斗，无私奉献，为中国人民解放事业和社会主义建设事业建立了不朽的功勋。在大革命后期和土地革命战争后期，李富春分别在国民革命军部队和红军的政治机关担任领导职务，是我党早期军队政治工作的出色领导者。他还是革命根据地和解放区财政经济工作的杰出领导人。抗日战争和解放战争时期，李富春曾先后在陕甘宁和东北解放区负责财经工作。新中国成立后，李富春全身心地投入国家建设的伟大事业中。他协助周恩来、陈云同志领导经济工作，为推进社会主义经济建设、实现国家工业化作出了卓越贡献。李富春同志参加了新中国经济建设具有开拓意义的第一个五年计划的组织编制和指导实施。继“一五”计划之后，李富春同志又参加了“二五”“三五”计划和其他重要的国民经济发展计划、规划的组织编制和指导落实，提出和践行了许多科学指导原则和工作方法。

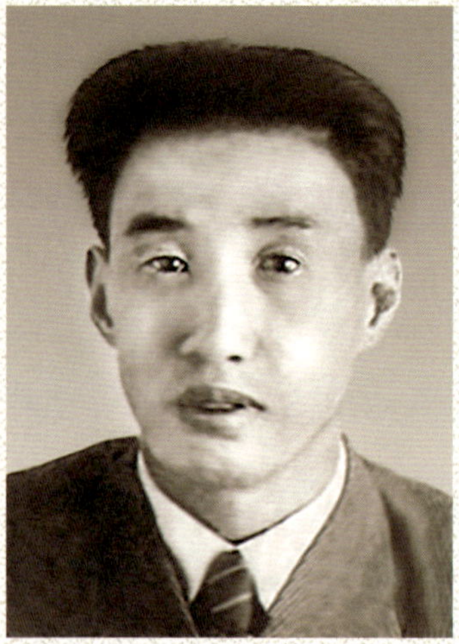

鲁海（1907—？）

俄文名斯库拉托夫。1907年生于广东天河。1922—1925年为海员工人。1922年加入国民党，1925—1926年任广州海员联合会书记。1925年加入中国共产党。1926年在广东省委农会工作。1927—1928年任广州共青团书记。1928年被选为省委主席团及省军委委员，同年被党的地下组织派驻国民党的第五军工作处任书记。1928—1929年被捕入狱。1929年任上海共青团区委宣传部委员。1929—1930年在共产主义中国劳动者大学（即莫斯科中山大学）学习。

龙乘时（1904—？）

俄文名基尔三诺夫。1904年生于广东广州。1919—1921年在首饰铺做学徒。1925年曾加入三民主义学会四个月，后来赴法国留学，在中学学习两年，工作五年。国共合作时期加入国民党。1926年在巴黎加入中国社会主义青年团。1928年任瑞士蒙特勒（党）组书记、副组长。1928年由党推荐到莫斯科学习。在校期间参与党的六大工作，任翻译。后参与青年共产国际东方处的工作，之后进入国际列宁学校学习。1930年清党时，由于参与托洛茨基反对派，被开除党籍、团籍。

伦永法（1909—？）

俄文名别德诺夫。1909年生于广东南海。1926年加入中国社会主义青年团，同年10月加入中国共产党。参加过五卅运动和省港大罢工。曾在广州市共青团区委任青年及少先队运动的组织者，是香港罢工委员会下设的少先队委员会委员。1926年11月由广东区委推荐派赴苏联。1926—1930年在莫斯科东大、中大学习，在团支部做每日简报及课程委员会的翻译工作。1930年遭到清洗。

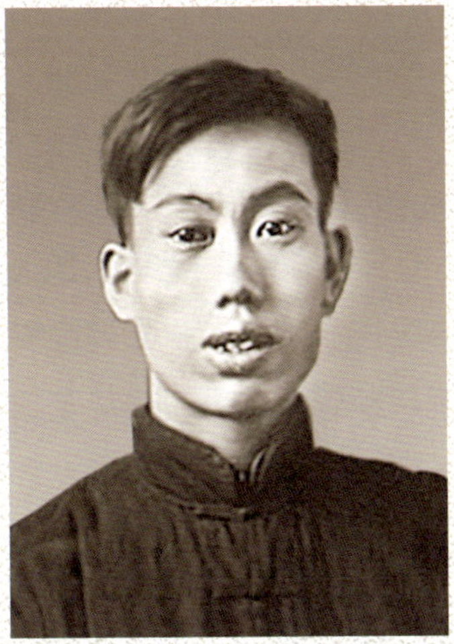

刘培元（1902—?）

俄文名米哈伊洛夫斯基。1902年生于湖南安源，在铁工厂做工。1923年加入中国社会主义青年团。1924年起成为中共预备党员。1924年12月在东大学习。1925年离校。

刘曜（1899—?）

俄文名科尔金。1899年生于湖北汉川。1916年起在药铺做学徒。1926年加入国民党，但没有做过任何该党的工作。1926年加入中国共产党，任支部书记并在农协工作。1927年5月在汉口任党组组长。1927年9月被派往莫斯科东方大学军政班学习。在国际革命战士救济会做过许多社会工作。1928年转入共产主义中国劳动者大学（即莫斯科中山大学）。1929年成为联共（布）党员。1931年被派往国际列宁学校学习。

马员生（1906—1977）

俄文名彼得洛夫、别杜霍夫。1906年生于河南赵固。1927—1930年先后就读于莫斯科东方大学和国际列宁学校。1930年2月因参加托派组织受到清洗，以反苏维埃宣传罪名第一次被流放，去伊万诺沃做工。1936年底再次被捕。1937年被判流放至沃尔库塔。1949年5月第三次被捕，被流放至克拉斯诺亚尔斯克，直到1954年被解除流放，恢复公民权。1955年返回中国。1958年根据苏联最高法军事委员会裁定，得到平反并恢复名誉。回国后在黑龙江富拉尔基中国第一重型机械厂任技术处处长，全身心投入社会主义工业化的建设事业。在“文化大革命”期间，写出回忆录《旅苏纪事》。

刘伯承（1892—1986）

俄文名阿法纳西耶夫。1892 年生于四川开县。中国共产党的优秀党员，中华人民共和国元帅，中国人民解放军缔造者之一，伟大的无产阶级革命家、军事家，马克思主义军事理论家、军事教育家。1911 年离开家乡，投身保路运动。1912 年考入重庆蜀军政府开办的将校学堂。1914 年加入中华革命党（国民党的前身），在护国、护法等战争中，历任连长、旅参谋长、团长。曾参加国民革命军北伐，任第 15 军军长。1926 年加入中国共产党。1927 年作为主要组织者之一参与领导了南昌起义，任前敌委员会参谋团参谋长。1927 年底，被党组织派赴苏联学习。先入共产国际工农红军指挥官高级步兵战术训练班（高级步兵学校），后于 1928 年 10 月转入伏龙芝军事学院继续深造。1930 年夏回国，在中共中央军事委员会担任多个要职。长征时期任中国工农红军总参谋长。1937 年抗日战争全面爆发后，任八路军第 129 师师长。解放战争时期任晋冀鲁豫军区、晋冀鲁豫野战军、第二野战军司令员。1948 年 5 月 9 日任中原军区司令员。1949 年 1 月任渡江战役总指挥，5 月任南京市市长兼市委书记，任华东军区司令员，6 月率军进军西南。1950 年任西南军政委员会主席和中国人民解放军军事学院院长兼政委。1955 年被授予元帅军衔。1956 年起为中共中央政治局委员，1966 年起任中共中央军委副主席。被选为第二至五届全国人民代表大会常务委员会副委员长。1982 年后，由于健康原因辞去党政军领导职务。1986 年在北京逝世。

刘伯承经历并参加了土地革命战争、长征、抗日战争、解放战争每一个重大的革命历程。为中华民族和中国人民的解放事业建立了不朽功勋，为我国的国防建设正规化、现代化作出了卓越的贡献。邓小平同志在《悼伯承》一文中写道："伯承同志是我党我军的大知识分子，大军事家。他的军事指挥艺术和军事理论造诣，在国内外屈指可数。""对于毛泽东军事思想的形成和发展，伯承是有大贡献的。"

裴景厚（1904—？）

俄文名萨果里尼科夫。1904 年生于黑龙江讷河，中学就读于当地，后考入北京中俄大学预科学习俄语和英语，在学生中从事宣传工作。1925 年五卅惨案时，因参与宣传工作被捕入狱三日。曾入国民党，任北京市党部第八区分部委员。1926 年 12 月—1929 年在莫斯科中山大学学习。1927 年起为苏联共青团预备团员。1928 年任中大某班班长。

潘汉年（1906—1977）

1906 年生于江苏宜兴陆平。1925 年在上海从事记者工作。同年加入中国共产党。任国民革命军总政治部宣传科科长。国共合作破裂后返回上海，任江苏省委上海文化工作党团干事会书记。1928 年任中共中央宣传部文化工作委员会书记。1930 年任中国左翼作家联盟主席团书记。1931 年 5 月被调入中共中央特科任第二科科长。1931—1935 年在江西中央苏区任中共中央宣传部部长、中国工农红军总政治部宣传部部长兼地方工作部部长。1935 年秋至 1936 年春任中共驻共产国际代表。1936 年回国，同年 9 月任八路军驻上海办事处主任。上海沦陷后，撤往香港。1938 年 9 月返回延安，任中共中央社会部副部长。1939 年赴港从事宣传工作。1945 年返回延安，参加中共七大，会后留延安中央社会部工作。1946 年 3 月赴南京参加中共驻南京代表团，9 月赴香港。在遵义会议后，奉中央指示前往上海恢复白区工作以及打通与共产国际的联系。抗日战争和解放战争时期，主要从事上层统战、国共谈判、民主党派、中国国民党将领起义投诚等统战工作。他是党在白区统战工作的重要领导者、指挥者和实践者。中华人民共和国成立后，先后任中共中央华东局社会部部长和统战部部长、中共上海市委副书记和第三书记、上海市人民政府副市长。1955 年因抗日战争期间涉嫌与汪精卫“政府”合作被捕入狱。1977 年病逝于狱中。1982 年被中央平反，公开恢复名誉。潘汉年是坚定的马克思主义者，卓越的无产阶级革命战士，久经考验的优秀共产党员，党的统一战线的卓越领导人。

彭道之（1909—？）

俄文名巴拉维科夫。1909 年生于湖南宝庆。1918—1925 年在宝庆中学及高级中学学习。1926 年于湖南长沙分别加入国民党和社会主义青年团各半年，曾任中学共青团支部书记。1926 年 2 月从上海赴苏，在莫斯科中山大学学习。中大毕业后曾递交过入炮兵学校或军政大学学习的申请。

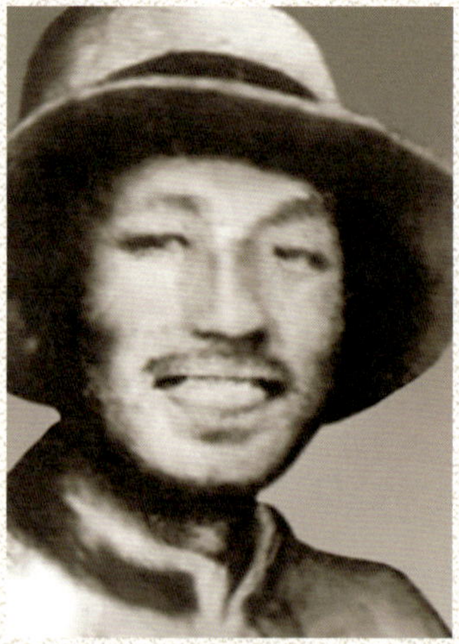

彭述之（1895—1983）

俄文名伊万·彼得罗夫。1895 年生于湖南隆回，1919 年入北京大学学习。1921 年加入中国共产党，同年 8 月抵达苏联。1921—1924 年间在苏联东方劳动者共产主义大学学习，任中共旅莫支部书记。1924 年 8 月回国，主编中共中央机关报《向导》周报和党的理论杂志《新青年》，同时任上海大学社会科学系教授。1925 年在中共四大上，当选为中央执行委员会委员、中央局委员。此后任中央宣传部部长兼《向导》周报主编。1927 年在中共五大上当选为中央委员。1929 年因持托派观点被开除出党，此后一生持托洛茨基主义政见，长期任中国托洛茨基组织的领导人。1948 年组织召开托派全国代表大会。1983 年病逝于美国。

苏赤光（1907—?）

俄文名卡别伊金娜。1907 年生于湖北荆门，在县小学及省立女子中学接受初等和中等教育。1926 年加入国民党，在武昌任国民党区委支部局委员和妇女委员会委员。1927 年 1 月加入中国共产党，从事地下工作。1927 年 9 月由湖南省委派赴苏联学习。1928—1930 年在莫斯科中山大学学习，学习期间任宿舍舍长。1930 年因投降主义及知识分子习气遭到清党审查，后因隐藏地主女儿这一社会出身而被开除出党。

谢德磐（1907—?）

俄文名果勒杰耶夫。1907 年生于广东永福，受过中等教育。1925 年加入中国社会主义青年团和国民党。1925 年 12 月，任广东省立中学共青团支部局委员。1926 年 10 月成为中国共产党党员。1926 年 4—6 月间，任共青团广东省委少先队运动委员会委员。1926 年夏，在共青团广东省委组织部工作。1926 年 9 月共青团省委和中共中央派遣其赴莫斯科学习。1927—1928 年在东方劳动者共产主义大学学习，任东大中国部共青团支部书记。1928 年夏在东大和中大合并时转入中大，在中大从 1928 年底学习到 1930 年春，期间从事翻译工作。1929 年成为联共（布）预备党员。1930 年春因托派嫌疑受到清党审查。1930 年 5 月 11 日从中大离职并被派往工厂从事生产工作，直到被派回国。

宋廉（1907—？）

俄文名谢尔盖伊奇。1907 年生于四川广元。1923 年在武昌加入国民党。1925 年成为中国社会主义青年团团员，1926 年在上海成为中国共产党党员。加入共青团后在上海大学的学生中从事宣传工作。曾以党支部书记身份参加了四川青年的罢课运动。因参加上海五卅运动被捕并被关押 10 天。1926—1929 年，在莫斯科中山大学学习，学习期间任班长及苏联共青团高校支部局委员、苏联共青团年级支部局书记。

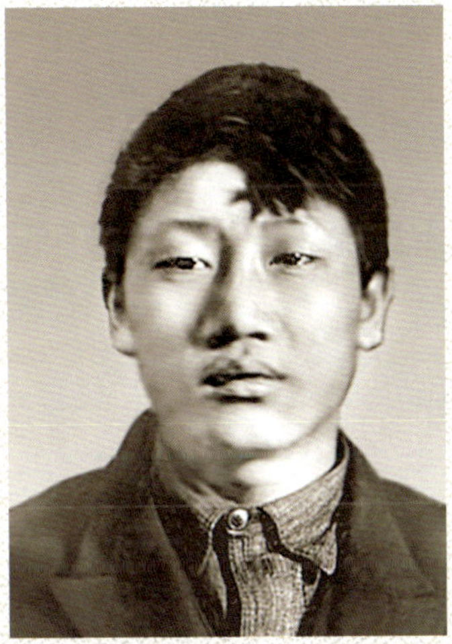

孙少文（1910—？）

俄文名谢克多洛夫。1910 年生于山东即墨。1922—1927 年在青岛的纱厂工作。1925 年底加入红色工会。1926 年在山东加入中国社会主义青年团，从事共青团的组织宣传工作，并任厂支部书记。1926—1927 年间曾入狱三个月。1927 年底—1928 年初任农村支部书记，负责与党的联系工作。1929 年由共青团员转为共产党员，任党的市委委员，从事组织、工会工作。1929 年 5 月被省委派往苏联学习。1929—1930 年在中大学习。1930 年受到清党审查。

徐介藩（1901—1983）

俄文名史班诺夫。1901 年生于安徽固镇。1923 年加入中国社会主义青年团。1925 年入黄埔军校第三期步兵科学习，黄埔军校毕业后转入广州航空学校学习。1926 年加入中国共产党。同年赴苏联入列宁格勒红军航空学校学习，1928 年转入莫斯科东方劳动者共产主义大学学习，曾在共产国际东方部工作。1931 年加入苏联红军，参加过苏联卫国战争。1948 年回国，任中共中央东北局编译局俄文编辑。中华人民共和国成立后，任驻苏联大使馆参赞、赤塔总领事馆总领事。1952 年参加抗美援朝战争，任中国人民志愿军司令部办公室主任。1961 年任装甲兵工程学院副院长。1955 年被授予大校军衔，1961 年晋升为少将。1983 年因病逝世。

许权中（1894—1943）

俄文名斯特隆奈伊。1894 年生于陕西临潼。1913 年前分别毕业于村办及市立学校，并在初等技术学校学习过两年的布匹纺织、染色技术。1914 年从军。1915 年考入广东讲武学堂。1917 年毕业。1914—1926 年在军队服役 12 年，从一名士兵成为了旅长。1926 年因按李大钊指示发动起义被通缉。1927—1928 年因组织苏维埃反对冯玉祥被通缉。1928 年赴上海从事秘密工作。1929 年 3 月中共中央派其赴苏学习。据其个人申请由中大派去学习军事，任军事班班长和副连长。本由共产国际东方部预派回国，但因 1930 年的清党审查略有滞后。回国后在中共中央北方局军委工作。抗战期间从事地下活动，1943 年被暗杀。

徐正安（1899—？）

俄文名拉德舍夫。1899 年生于北京。1926 年加入中国共产党。1926—1930 年在莫斯科中山大学学习和工作。因参加托洛茨基反对派，在肃反中遇难。

熊雄（1892—1927）

俄文名西里韦斯特洛夫。1892 年生于江西宜丰。1911 年参加学生民主运动。1913 年逃亡至日本，参加了孙中山组建的中华革命党，从事民主革命活动。1919—1922 年在法国和德国勤工俭学，并于 1922 年 6 月加入中国社会主义青年团，不久转为中共党员。1923 年抵达苏联。1923—1925 年间在莫斯科东方劳动者共产主义大学及其附属的军事班学习。1925 年 9 月回国，分配到黄埔军官学校任政治大队副队长。1927 年蒋介石四一二反革命政变后，被国民党秘密杀害。

萧劲光（1903—1989）

俄文名扎果勒斯基。1903 年生于湖南长沙。无产阶级革命家、军事家。1919 年积极参加五四运动。1921—1924 年在莫斯科东方劳动者共产主义大学学习，并于 1922 年在学校加入中国共产党。1924 年回国工作。1927—1930 年第二次赴苏，在位于列宁格勒的托尔马乔夫军政学院学习。1930 年毕业回国，被派往闽西苏区，任闽粤赣特区军委参谋长。1931 年 12 月任红 5 军团政治委员。1935—1936 年任红 29 军军长。1937—1949 年在共产党领导的军队中担任高级军事将领。指挥南满部队四保临江作战，率部打沈阳、围北平、越华北、渡长江、占武汉、进长沙，参与指挥衡宝战役等战役战斗。新中国成立后受命组建中国人民解放军海军，担任首任司令。1954 年兼任国防部副部长。1945—1946 年被选为中共中央候补委员。1956—1982 年被选为中共中央委员。后任第五届全国人大常委会副委员长等职，为人民海军的建设和发展作出了卓著的贡献。1955 年被授予大将军衔。

唐玉昆（1907—？）

俄文名苏克。1907 年生于安徽芜湖。1924 年加入国民党。1925 年在上海加入中国社会主义青年团，1927 年转为中国共产党员。1926 年 2 月在广东区委宣传部做图书报刊相关工作。1926 年 5 月考入上海大学，在校参加了学生政治运动。1927 年根据中共中央指派赴苏联学习。1927—1928 年在莫斯科中山大学学习。

伍修权（1908—1997）

俄文名达可。1908 年生于湖北武昌。无产阶级革命家、军事家、外交家。中国人民解放军原副总参谋长。军事外交的开拓者和领导者，我军情报工作的卓越领导者，参与审判林彪、江青反革命集团。早年入武昌高等师范学校，任校社会主义青年团支部书记。1925 年赴苏联莫斯科中山大学学习，1927—1929 年在莫斯科步兵学校学习，后任翻译。1929 年受共产国际派遣赴远东工作。1930 年加入联共（布）。1931 年回国并转为中共党员，在闽粤赣苏区的红军中工作。1933 年任共产国际派驻中共中央军事顾问奥托·布劳恩（即李德）的翻译。在长征途中，列席了遵义会议，会后任红三军团副参谋长。1937 年，任陕甘宁边区政府秘书长。抗日战争全面爆发后，1938 年任八路军驻兰州办事处处长。1941 年任中央军委一局局长。抗日战争胜利后，历任中共中央东北局委员、东北军区司令部参谋长、东北民主联军第二参谋长等职。同时担任东北军区军政学校校长，参与筹建了解放军第一所航空学校和第一所海军学校。中华人民共和国成立后，1950—1958 年，先后担任外交部东欧司司长、副部长，是首任中国驻南斯拉夫大使。1958 年起，担任中共中央对外联络部副部长。1975 年任中国人民解放军副总参谋长。1982 年被选为中共中央监察委员会委员。中国共产党第七、八、十一和十四次全国代表大会代表，第八届、十一届中共中央委员。第十二届、十三届中央顾问委员会常务委员。

丁郁（1901—？）

俄文名别洛娃。1901 年生于浙江绍兴。1924—1925 年在上海大学学习。1925 年加入中国共产党，任上海大学党支部局书记兼上海区委妇女部委员。之后由中共中央推荐并派往苏联学习。1926—1928 年间在莫斯科东方劳动者共产主义大学学习。1928 年 2 月向东大校方申请因病休学回国。在治疗休养假期结束之后，校党委会决定允许其因病离校。

吴铁勇（1907—？）

俄文名弗拉洛夫。1907年生于上海。1923—1924年在文具店做学徒。1924—1925年在上海“中华”印刷厂做学徒。经过一年多的无业生活后做石印工人，之后返回家乡做油漆工。多次参加罢工运动，是上海罢委会委员。上海工人武装起义时任纠察队队长、工会委员，曾组织手工业者工会。1925年加入中国共产党，在红色特科任支部书记。曾在法租界被拘押10天。1929年由中共江苏省委派往莫斯科。1930年受清党审查，遭到开除出党并不准带接头暗号遣送回国的处分。后来申诉委员会将驱逐出苏联的处分更改为警告。

吴介藩（1908—1933）

俄文名伊洛瓦伊斯基。1908年生于湖北黄梅，受过6年初等和中等教育，1年高等教育，教育系未毕业。1925—1926年任武昌学生会宣传干事。1925年加入中国社会主义青年团，任湖北省委支部书记。1926年转为中共党员，在武昌和汉口的学生中从事组织宣传工作。1927—1930年在莫斯科中山大学学习。1928年6月18日—7月11日，作为指定参加及旁听代表出席了中国共产党第六次全国代表大会。1929年在中大军训班学习。1930年在莫斯科“阿莫”汽车制造工厂参加了生产实践，做钳工、装配工。后回国在南昌从事地下工作，因叛徒出卖不幸被捕，坚贞不屈直至牺牲。

吴景中（1903—1983）

俄文名波布罗夫。1903年生于湖北黄陂。1923年加入中国社会主义青年团。1924年在湖北安源加入国民党。曾在安源因反抗封闭矿工工会入狱1个月。1924年加入中国共产党，任地委书记，曾任工人俱乐部报纸编辑，在上海参加过青年工人运动。1926年任汉口支部书记和长沙市共青团负责人。在半月刊《安源》上发表过数篇关于工人问题的文章。1926年由湖南区委派赴苏联。1926—1927年在莫斯科中山大学学习，表达过想学习军事的意愿。1928年在中大的军事班一连三排学习。回国后在国民党方面从事情报工作。1947年任军统天津站站长，1949年去台湾，1983年因心脏病去世。

武怀让（1899—1936）

俄文名安德烈耶夫。1899 年生于河南焦作。1916 年毕业于河南省立第一中学并考入坐落于焦作的福中矿务学校。1922 年考入唐山交通大学，积极参加反帝学生运动。1923 年加入中国社会主义青年团，不久转为中国共产党党员。1924 年任唐山社会主义青年团书记，曾任上海中央执行局军委书记、上海临时中央军事部部长。1924 年 7 月抵达苏联，1924—1927 年在东方劳动者共产主义大学学习，学习期间任中国共产党旅莫支部书记。1926 年起任中国共产党驻共产国际代表。1928 年参加中共六大，会后回国，历任青岛特委书记、上海闸北区书记、山东省委书记、中共中央组织部组织科科长、北方局委员、唐山市委书记、天津市委书记等职。1931 年担任中共满洲省委三人领导之一。1932 年中共中央任命其为特科科长，1933 年任中共上海中央执行局军委书记。1935 年赴莫斯科出席共产国际七大，会后留在共产国际工作。1936 年 8 月被逮捕、枪杀。1957 年，中央人民政府追认武怀让为革命烈士。

张景增（1897—1937）

俄文名卡巴科夫、斯特里耶夫斯基、傅明。1897 年生于河北蠡县。1922 年，按中国共产党指示在保定组织学生运动，遭到当局通缉，逃往上海。在上海大学找到党组织，并于 1923 年经瞿秋白、施存统介绍加入中国共产党，在上海党中央工作。1924 年被中央派赴莫斯科东方大学学习。1925 年奉召回国在上海党中央工作，后派赴河南，在多个县及城市从事领导工作。1928 年任中共河南省委书记。1929 年，河南省党组织遭到严重破坏后，中央再次派其赴莫斯科学习。先后在莫斯科中山大学、国际列宁学校学习。1931 年加入联共（布）。1932 年被派往蒙古从事工会工作。返回苏联后在列宁格勒东方学院任教，1937 年前已成为该院副教授，撰写有题为《元朝的农业政策》的论文。1937 年被列宁格勒州内务人民委员会以所谓“从事间谍破坏活动”的罪名逮捕，当年即在政治镇反中含冤遇害。1989 年苏联最高苏维埃主席团作出决议，予以平反，恢复名誉。

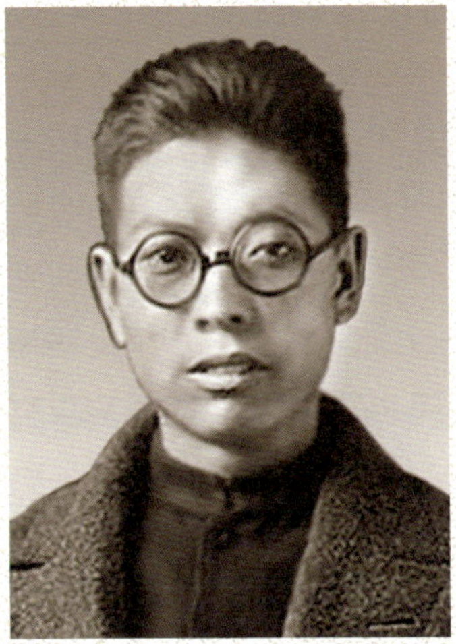

吴近（1901—?）

俄文名维纳库拉夫。1901 年生于浙江溪口。曾在中学任教，在浙江公立医药专门学校学习两年，参加学生民主运动。1919—1921 年任杭州学生会委员。1925 年加入国民党。1926 年加入中国共产党，任宁波市委委员。1926—1928 年在莫斯科中山大学学习。1928 年被录取为中大预备班汉语教员。1930 年回国。1930—1931 年在中共广东、广西省委任职。1931 年被派往河南、湖北苏区工作，在到达武汉后脱党。

傅仁麟（1909—?）

俄文名咖明斯基。1909 年生于湖北光化。1925—1926 年任国民党宣传干事，后任校支部书记。1926 年 10 月任国民党武昌支部书记。1926 年加入中国社会主义青年团，同年 11 月任国民党训练班的共青团书记。1926—1927 年在莫斯科中山大学学习。

费克勤（1910—?）

俄文名芭里扎莫娃。1910 年生于湖北钟祥。1927 年加入国民党，在县委妇女运动部从事宣传和组织工作。1927 年 2 月在武汉加入中国共产党。曾在工会运动训练班学习。1927 年 8 月由湖北省委推荐赴苏联，1927—1930 年在莫斯科中山大学学习。1929 年参加反对王明宗派的领导活动。1930 年 1 月因参加托派受到清党审查。

曹靖华（1897—1987）

原名曹联亚，俄文名巴卡耶夫。1897年生于河南卢氏县，毕业于开封省立二中。中国现代文学翻译家、散文家、教育家，北京大学教授。1919年在开封省立第二中学求学时，投身于五四运动。1920年，在中国社会主义青年团主办的上海外国语学社学习俄文。积极投身学生运动并从事政论活动。1921年被派往莫斯科东方大学学习。1922年回国。1923年考入北京大学。1925—1926年，在冯玉祥国民革命军的苏联军事顾问团及加伦将军的指挥部中任翻译，参加了北伐战争。1927年大革命失败后再赴苏联，入莫斯科中山大学学习，后在列宁格勒东方学院教授汉语。1933年回国。积极从事俄/苏和世界文学的翻译和宣传工作，曾在中苏文化协会和全国文艺工作者协会任职。1949年任北京大学教授，主持俄罗斯语言文学系的工作长达30年之久。是中国人民政治协商会议第一届全体会议代表、第五至六届全国政协委员、第一至三届全国人民代表大会的代表。1956年加入中国共产党。1959—1964年，任《世界文学》主编。1987年获苏联列宁格勒大学荣誉博士学位。同年8月，获苏联最高苏维埃主席团授予各国人民友谊勋章。

何止铮（1900—1964）

俄文名克拉尤申。1900年生于浙江瑞安。曾在温州任《大公报》编辑并在工人学校中任教。1924年在浙江温州加入中国社会主义青年团，被团中央任命为温州支部书记、河南焦作市团支部书记。1925年转赴开封，并在河南团省委工作。1925年12月加入中国共产党，同年在冯玉祥军队中任团支部书记3个月。1926年前往上海，在中共中央秘书处任技术书记。参加了上海工人起义。1927年任中共中央秘书处文书科主任。由张太雷推荐被派赴苏联学习。1927—1930年在莫斯科中山大学学习,1927年在校加入联共（布）。1930年2月因托派嫌疑受到清党审查。1931年回国。从事教育、翻译工作，1964年去世。

左权（1905—1942）

原名左纪权，俄文名拉国金。1905年生于湖南醴陵。无产阶级革命家、军事家。1924年毕业于黄埔军校。1925年加入中国共产党，参加了讨伐陈炯明的东征，同年被党组织派往苏联莫斯科中山大学留学。1927年9月转入伏龙芝军事学院学习。1930年夏返回上海，9月进入闽西苏区，11月当选为闽西工农革命委员会常委，12月初为红新12军军长。1934年参加长征，参与指挥强渡大渡河、攻打腊子口、直罗镇战役和红军东征。1936年，他担任红1军团代理军团长，率部西征并参与指挥山城堡战役。抗日战争全面爆发后，他作为八中管辖副总参谋长协助指挥八路军开赴华北抗日前线，粉碎日伪军“扫荡”，发展壮大人民武装力量，取得了百团大战等许多战役、战斗的胜利。1942年5月，日军对太行根据地发动大“扫荡”，不幸壮烈牺牲。2009年，左权被中央宣传部、中央组织部等11部门评为“100位为新中国成立作出突出贡献的英雄模范人物”。

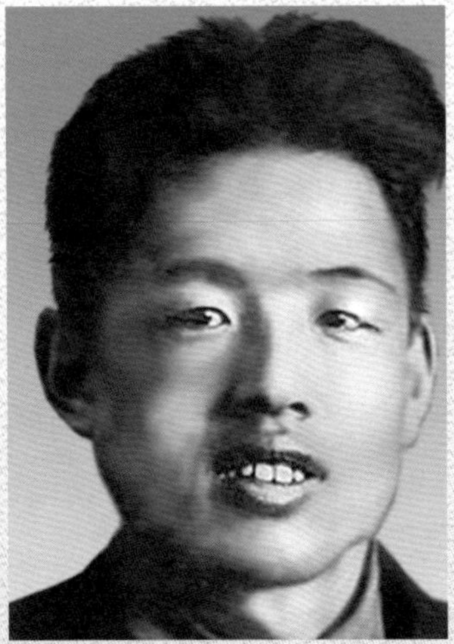

綦树功（1908—?）

俄文名涅克拉索夫。1908年生于吉林。1925—1927年在莫斯科中山大学学习。1927—1930年间在中大和东大任教。因参加托洛茨基反对派被肃反。

张人亚（1898—1932）

俄文名利亚多夫。1898 年生于浙江镇海。初中毕业后在上海的银楼做工。1921 年，加入中国共产主义青年团（时称“上海社会主义青年团”），同年加入中国共产党。1923—1928 年，张人亚先后担任中共上海地委直属第二党小组组长、中共上海浦东支部联合干事会书记和上海浦东部委书记，后任中共江浙区委宣传部分配局负责人，领导上海总工会机关报《平民日报》筹备工作。1924 年 11 月由中共中央派往苏联学习。1924 年 12 月据共产国际东方部的请求被东方劳动者共产主义大学录取。1928 年，任中共中央秘书处内部交通科科长，并受命到芜湖建立中共中央金库，指导安徽沿江和江南地区 34 个县的党组织工作。1931 年底，到中央苏区工作，担任中华苏维埃共和国中央工农检察委员会委员。1932 年 6 月，担任中华苏维埃共和国中央出版局局长兼印刷局局长。半年后不幸病逝。

屈武（1898—1992）

俄文名希波夫。1898 年生于陕西渭南。五四运动时期，领导陕西的学生运动，任陕西省学生联合会会长。1922 年考入北京大学。为国民党党员。1923 年加入中国社会主义青年团，任北京大学团支部书记。1924 年 12 月上旬，孙中山北上到达天津，委派屈武和董汝诚作为他的私人代表赴陕宣传召开国民会议，和平解决南北统一问题的政治主张。1925 年转为中国共产党党员。1926 年任国民党中央候补委员，同年由中共北方区委派往莫斯科中山大学学习。毕业后转入伏龙芝军事学院，专门从事军事研究。1930 年在“大清洗 ”中，被以“违犯军纪”等“莫须有”的罪名，中断了同中共党组织的联系，同时被发配到边地服苦役。1938 年回国后，积极从事抗日民主运动。后参与组织中国民主同盟。为中苏交流及国共关系协调方面做了许多工作。1945 年参与（国民党）中央政府同新疆当局的谈判，后任迪化市（今乌鲁木齐）市长。1949 年，作为国民党代表团顾问参与国共和谈。新中国成立后，担任政协第三、四、五届全国委员会常务委员；中国国民党中央革命委员会第五、六届中央副主席，第六届代理主席、主席，第七届名誉主席。

裘光赤（1904—？）

俄文名索莫夫、瓦修京。1904 年生于浙江慈溪。在市立中学受过 3 年教育。曾在上海的银楼做工人、店员。1922 年任金银工匠协会理事会委员。1926 年加入国民党。1927 年加入中国共产党，参加了上海三次工人武装起义。1927 年 5 月—1929 年在东大下设的军政班学习。1929 年因反校党支部局的言论受到清党审查。

张国庶（1905—1930）

俄文名瓦连京诺夫。1905 年生于江西萍乡。1924 年 6 月加入中国社会主义青年团，任萍乡支部书记。1926 年 1 月加入国民党，2 月由团员转为中共党员。任中共萍乡县委委员、国民党萍乡县党部常务委员、萍乡县总工会主席等职务。1927—1929 年在莫斯科中山大学学习。1929 年冬回国任中共中央巡视员，到上海各区巡视工作。1930 年初任中共江西省委书记。1930 年 5 月 29 日被国民党逮捕，7 月 5 日受尽酷刑后与其妻子晏碧芳一同壮烈牺牲。1986 年 11 月，在孔原和杨尚昆同志的坚持下，经江西省人民政府批准，张国庶夫妇被追认为革命烈士。

张杰民（1906—？）

俄文名别拉顾布。1906 年生于直隶天津，曾在上海商业公司的石印社工作。1925 年加入中国社会主义青年团。1926 年转为中共党员并在党支部从事组织工作。1927 年 6 月担任过江苏省委到武汉的交通工作。参加过上海所有的示威游行活动。1927 年 10 月来到苏联。1927—1930 年在莫斯科中山大学学习，任共青团支部局委员，学习期间还在国际革命战士救济会工作过。1928 年成为联共（布）候补党员。在谢乐普伊莫洛特（镰刀与锤子）工厂参加生产实践。1929 年 12 月因反对中大支部局领导的言论受到清党审查。1930 年因"工人阶级的敌对分子"和参加托洛茨基组织的罪名被开除出党。

张际春（1904—1933）

俄文名伊利茨基。1904 年生于湖南醴陵。1921 年加入中国社会主义青年团。1923 年成为中共党员。1924 年加入国民党。曾参加过学生运动，组织过军事小组。毕业于黄埔军校。1927 年由中共中央派赴苏联学习。1927—1928 年在莫斯科东方劳动者共产主义大学学习，在贝考沃的军训营地任学生一连连长。1928 年递交过入伍参军的申请。回国后曾任中共中央政治局候补委员，后来脱党，1933 年病逝。

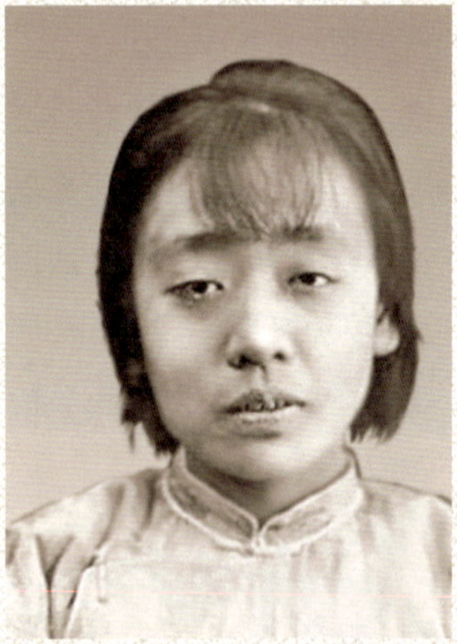

章章（1905—？）

俄文名巴赫鲁申娜。1905 年生于湖南长沙，中学未毕业。1925 年加入国民党，从事市民中的宣传工作。1926 年被派赴苏联学习。1926 年底在莫斯科中山大学学习，任国民党年级支部局委员。

赵永宽（1906—？）

俄文名季托夫。1906 年生于山西。在北京大学法律系学习两年，期间加入孙文主义学会。1925 年在校加入国民党，任国民党支部委员。由国民党北京市委派赴苏联学习。1925—1927 年在莫斯科中山大学学习。1927 年国共合作破裂后被遣送回国。

周文化（1905—1926）

俄文名伊格纳多夫。1905 年生于陕西蓝田。1923 年加入中国社会主义青年团。1925 年加入国民党，在工人和学生中从事宣传工作。1925—1926 年在莫斯科中山大学学习。1926 年 5 月 25 日因病逝世于莫斯科波特金医院，葬于瓦甘科夫斯基公墓。

周学金（1901—？）

俄文名波拉夫。1901 年生于江苏阜宁。1917—1928 年在工厂工作。1925 年和 1927 年因参与上海罢工数次被捕。1926 年加入中国共产党。1927 年底被派往苏联学习。1927—1930 年在莫斯科中山大学学习。1929 年 4 月由中大支部局推荐成为联共（布）预备党员。1930 年夏被派往哈巴罗夫斯克的联共（布）远东边疆区委工作，但边疆区委取消了他的预备党员身份。

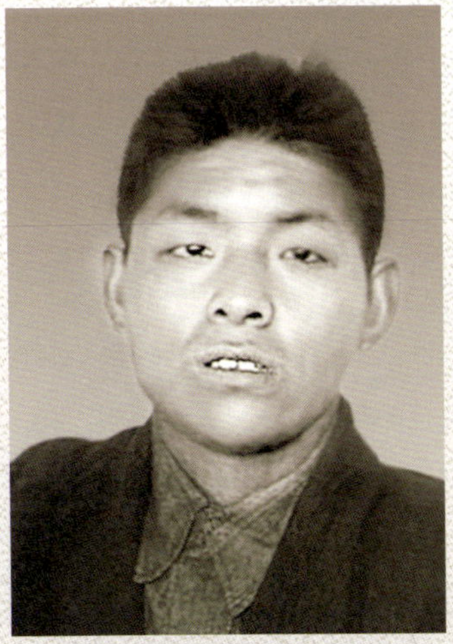

周志华（1911—？）

俄文名费德琴科。1911 年生于安徽合肥。1922—1926 年在纱厂工作。1926 年加入中国社会主义青年团，1927 年转为中共党员。在上海做党的工作。1926 年曾坐牢 3 周，1928 年入狱 1 年。1929 年被共青团中央派赴苏联学习。1929—1930 年在莫斯科中山大学学习。

朱德（1886—1976）

俄文名达尼洛夫。1886 年生于四川仪陇李家湾。伟大的马克思主义者，无产阶级革命家、政治家和军事家，中国共产党、中国人民解放军和中华人民共和国的主要缔造者和领导人之一。中华人民共和国十大元帅之首。1909 年考入云南陆军讲武堂，同年加入同盟会。1911 年 10 月在云南参加辛亥革命武装起义。1912 年任云南陆军讲武学校（原讲武堂）军事教官。1914 年调往云南边境驻防。先后担任营长、副团长、团长。1917 年任滇军旅长。1912 年 8 月在云南加入国民党。1922 年 11 月在德国加入中国共产党。1925—1926 年在苏联东方劳动者共产主义大学及莫斯科州马拉霍夫卡的军事短训班学习。

1927 年 7 月第一次国共合作破裂后，参加领导八一南昌起义。起义军南下广东失败，他率领余部转至湖南南部，发动农民起义，建立苏维埃政权。1928 年 4 月率部万余人上井冈山，同毛泽东领导的部队会合，创建了井冈山革命根据地。在新民主主义革命时期，朱德先后担任中国工农红军总司令、八路军总司令、中国人民解放军总司令，并在党内担任重要领导职务。朱德同志身经百战，历尽艰险，功勋卓著，在每一个重大关头都发挥了极其重要的历史作用，为推翻帝国主义、封建主义、官僚资本主义三座大山，实现中华民族的独立和解放，建立人民当家作主的新中国作出了杰出贡献。新中国成立后，朱德不顾年事已高，在党、国家、军队的重要领导岗位上，殚精竭虑，奋斗不息，为我国社会主义制度的建立和各项建设事业的发展，作出了重要贡献，深受全党全军全国各族人民爱戴和崇敬。

钟坚（1908—？）

俄文名卡拉谢娃。1908 年生于琼州，曾在上海大学学习一年。1925 年加入中国社会主义青年团和国民党，任上海女学生妇女委员会委员、上海妇女协会书记，还是新青年联盟（受国际革命战士救济会支持的组织）成员。1927—1929 年在莫斯科中山大学学习。1929 年提出回国申请。

朱瑞（1905—1948）

俄文名希里纳伊。无产阶级革命家。1905 年生于江苏宿迁。在徐州上中学时，因参加学生运动被开除，后转至南京学习。1924 年夏加入中国社会主义青年团，同年考入广东大学。1925 年底赴苏联，1925—1927 年在莫斯科中山大学学习。1927—1929 年，在莫斯科克拉辛炮兵学校学习。1928 年加入联共（布），后转为中国共产党党员。1929 年底回国。1930 年 1 月到达上海，任中共中央特派员。1932 年抵达中央苏区，历任中国工农红军总司令部科长、红军学校教员、军团政治委员等职。1934 年被选为中华苏维埃共和国中央执行委员会委员，同年秋参加长征。1936 年任红二方面军政治部主任。1945 年被任命为延安炮兵学校代理校长。1946 年同全校师生一起迁至东北。1946—1948 年任解放军炮兵司令。1948 年 10 月在辽沈战役中牺牲。东北军区炮校后来以他的名字命名。2009 年 9 月，朱瑞被中央宣传部、中央组织部等部门评为“100 位为新中国成立作出突出贡献的英雄模范人物”。

朱增祥（1899—?）

俄文名扎东斯基。1899 年生于江苏太仓。1917—1919 年在中学学习。1919—1926 年在法国勤工俭学并于 1923 年加入中国社会主义青年团，任团支部局委员。1926 年加入中国共产党，同年成为法国共产党党员。1926—1928 年在东方劳动者共产主义大学学习。1927 年成为联共（布）预备党员，加入苏联教育工作者协会。1928 年从东大转入中大，在校担任翻译。1928 年 9 月中大毕业后，进入莫斯科列佛勒多沃区的共产国际军事工程学校学习，毕业后短暂滞留在国际列宁学校，1930 年秋回国。

程道南（1904—1963）

俄文名斯达甘诺夫。1904 年生于四川长寿。1922 年小学毕业后入中学。1923 年加入中国社会主义青年团。1925 年在武昌中华大学学习。1926 年几乎同时加入中国共产党和国民党。1926—1927 年在武汉任团区委书记。1927—1929 年在莫斯科中山大学学习。1928 年成为联共（布）预备党员。1931 年转为正式党员。1930—1938 年在符拉迪沃斯托克共产国际联络站任职。1933—1938 年在符拉迪沃斯托克的远东边区高级中国列宁学校工作。1938—1939 年任共产国际中共代表团顾问翻译，还在莫斯科州库奇诺的中国党校任教。1940 年起在全苏广播委员会的中文编辑部任职。1963 年在莫斯科去世。

陈乔年（1902—1928）

俄文名克拉辛。1902 年生于安徽怀宁。陈独秀次子。1919 年底赴法勤工俭学。1922 年发起成立旅欧中国少年共产党，同年转为中国共产党党员，是中共旅欧支部领导成员之一。1923 年根据党组织决定，赴苏联东方劳动者共产主义大学学习。1924 年冬遵照中共中央指示从莫斯科回国。1925 年任中共北京地委组织部部长、北方区委组织部部长。1927 年在中国共产党第五次全国代表大会上当选为中央委员。同年 5 月任中共中央组织部副部长，6 月起任中共顺直省委委员、中共中央代秘书长。大革命失败后，中共中央于 1927 年 8 月 7 日在汉口召开紧急会议，陈乔年出席会议，并对其父亲陈独秀在大革命中所犯的错误进行了严肃批评。会后被先后调任湖北省委组织部部长、江苏省委组织部部长。1928 年 2 月 16 日中共江苏省委机关遭到破坏，陈乔年被捕。1928 年 6 月 6 日英勇就义，年仅 26 岁。

陈伯达（1904—1989）

俄文名别林诺夫。1904 年生于福建惠安。毕业于上海工人大学。1927 年加入中国共产党。1927—1930 年在莫斯科中山大学学习。1930 年因参加派系斗争受到清党审查，同年回国。1931 年来到天津，在中共顺直（即河北）省委宣传部工作，负责出版、编辑《北方红旗》刊物。1931 年秋至 1932 年被国民党逮捕入狱，出狱后在天津从事地下工作。1936 年陈伯达任中共中央北方局宣传部部长。1937 年起在延安的中共中央党校和马列学院任教。1945 年成为中共中央候补委员，1949—1971 年为中共中央委员。1956—1966 年任中央政治局候补委员。1966—1971 年任中央政治局委员。1971 年被开除党籍。1981 年因从事反革命活动被判处有期徒刑 18 年。1988 年刑满释放，1989 年去世。

程镜庵（1905—？）

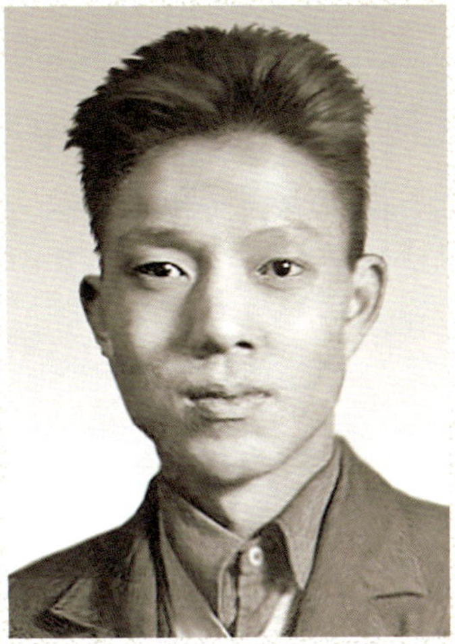

俄文名库罗夫、米申。1905 年生于台湾彰化。大学肄业。1923 年因政治言论被日本当局逮捕囚禁两个月。1924 年在台湾文化协会工作。1925 年组织秘密的“台湾无产青年党”。1925 年底至 1927 年在厦门大学学习，期间在学生联合会工作，积极参加学生运动，从事宣传工作。1926 年在厦门工会工作。1926 年底在厦门加入中国社会主义青年团和中国共产党。1927 年党组织被破坏后，入武汉中央军事政治学校学习。蒋介石政变后遭到通缉。1927 年由党中央派赴苏联学习军事。1928—1930 年在莫斯科中山大学学习，做墙报工作，后来转至莫斯科炮兵学校。1930 年因参加托派组织受到清党审查。

陈芝青（1907—？）

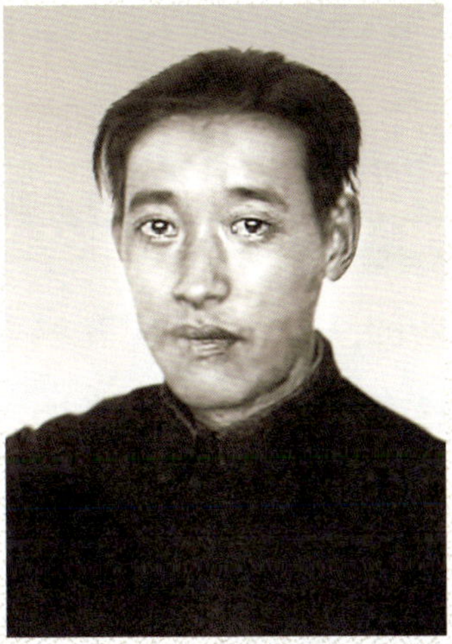

俄文名法门卡。1907 年生于浙江诸暨。1923—1926 年在纺织公司做织工。1927 年在杭州的纺织工会总会工作。1926 年 11 月在浙江杭州加入中国共产党。1927 年 4—7 月任职工运动委员会委员。1928 年 3—12 月任中共杭州市委委员、组织部部长。1929 年由浙江省委派赴苏联学习。1930 年因同情托洛茨基主义者受到清党审查。

陈崇宪（1903—？）

俄文名阿勒乔姆。1903 年生于四川大竹。起先在法国里昂读书，后来毕业于比利时列日的综合技术学院。1924 年在比利时加入国民党和中国社会主义青年团。1925 年成为中共党员。求学期间任国民党比利时总书记、共青团支部书记、中国反帝委员会委员。1925 年 11 月抵达苏联。1925—1926 年在莫斯科中山大学学习。

游宇（1901—？）

俄文名萨宁。1901 年生于湖南湘潭。1920 年加入中国社会主义青年团。1923 年加入中国共产党并被选为团北京区委书记。1924 年加入国民党，在北京学生协会的宣传部门工作，并任该会周刊的编辑。1925 年从事天津工会工人报纸的编辑工作，同时任国民党北京区委的委员。由中共中央推荐赴苏联学习。1926—1928 年在莫斯科中山大学学习。1929 年回国。

杨刚（1902—？）

俄文名波士。1902 年生于安徽安庆。曾在法国和比利时列日的电工中等技术学校学习两年。1924 年加入国民党，任比利时支部书记，在比利时的学生和工人中从事宣传工作，是比利时学生协会的成员。1925 年 10 月加入中国社会主义青年团。在国民党刊物中发表过一些文章。1925—1927 年在莫斯科中山大学学习，在共青团支部做过一些工作。1926 年 7 月由学校派送至黑海之滨的图阿普谢休假两个月。1927 年递交希望进入军校学习的申请。曾参加过在莫斯科州贝考沃的军事训练营。

杨家腾（1900—？）

俄文名布留索夫。1900 年生于广东蕉岭。曾在广东的高等法律专门学校学习，肄业。1920 年加入国民党，同年在部队服役两个月。1922 年起在广东韶关、汕头地方审判庭当民刑庭书记官两年。1925 年在广州大声报馆任编辑。1926 年 8 月由国民党中央执行委员会派赴苏联学习两年。1926 年 9 月抵达苏联。1926—1927 年在莫斯科中山大学学习。

杨明斋（1882—1938）

俄文名施密特。1882 年生于山东平度。1901—1917 年在符拉迪沃斯托克的东方学院学习并教授汉语。1920—1921 年协助维经斯基赴华创办共产主义小组。1921 年任共产国际三大中共代表团成员。1922 年出席了中共二大，积极参与制定党的反帝反封建纲领。1925—1927 年在莫斯科中山大学任教并负责总务工作。1927—1930 年在北京和河北丰润从事党的宣传工作。1930 年 1 月秘密赴苏联，直到同年秋一直在哈巴罗夫斯克扫盲站当中文教员。后到符拉迪沃斯托克，并在当地报社和无线电台工作。1931 年被当作叛逃者流放到托姆斯克当勤杂工。1934 年 8 月行政流放期满后到莫斯科，进入苏联外国工人出版社工作，先后任投递员和校对员。1938 年 2 月，以托洛茨基分子罪名遭逮捕，并于同年 5 月被冤杀。

主要引用文献

在此画册的筹划制作中，使用了浩繁的专业文献。部分史实及相关信息，发现于海量的报刊、期刊、电讯传媒以及网络上地方志专家社团的资料中。我们实在无法逐一列举每一个使用的材料，因而在下面的列表中，仅注明主要的引用文献。

安琦 .Д.А.、米兹 .Н.Г.:《符拉迪沃斯托克的华侨：历史篇章》，符拉迪沃斯托克，远东科学出版社 2015 年版。

鲍金 .К.Е.:《国际儿童院——我的星球!》，伊万诺沃，2008 年。

博伊科 .В.С.:《20 世纪 20—30 年代西西伯利亚的中国公民：社会政治评述》，《俄中关系的现实问题：历史与当代现实》，巴尔瑙尔，2000 年。

达岑生 .В.Г.:《20 世纪 20 年代下半叶至 30 年代初苏联的中国移民与苏中关系》，《中亚与中国的现实问题：历史与当代现实》，巴尔瑙尔，2006 年。

达岑生 .В.Г.:《西伯利亚和远东的中国人》，《西伯利亚历史百科》第二卷，新西伯利亚斯克，2009 年，第 72—80 页。

叶帆：《20 世纪 20—30 年代苏联对中国军事、政治干部的培养》，历史学副博士毕业论文（答辩地：莫斯科国立罗蒙诺索夫大学），莫斯科，2017 年。

扎列斯斯卡娅 .О.В.:《20 世纪 20—30 年代俄国远东中国工人的文教工作》，《俄罗斯与亚太地区》2007 年第 3 期，第 139—191 页。

任远志：《我的父亲任弼时》，外文出版社 2011 年版。

《20 世纪 20—30 年代中国革命者在俄罗斯的足迹》，相册，莫斯科，“全世界”出版社 2015 年版。

库里科娃 .Г.В.:《俄罗斯——中国：人民的外交》，莫斯科，论坛出版社 2012 年版。

拉林 .А.Г.:《俄罗斯的中国移民：历史与当代现实》，莫斯科，东方书籍出版社 2009 年版。

李敏：《我的父亲毛泽东》，外文出版社 2004 年版。

玛利亚维娜 .Л.С.:《符拉迪沃斯托克的朝鲜（国际）师范学院：从成立到迁出（1931—1937)》，《学术对话》2016

年第 3 期（总第 51 期），第 195—208 页。

潘佐夫 .A.B.：《中苏关系秘史：布尔什维克与中国革命（1919—1927）》，莫斯科，穆拉维盖特出版社 2001 年版。

杏林（音译）：《白中黑、黑中白：历史中鲜为人知的一页：20 世纪 20—50 年代斯大林古拉格中对中国革命者的镇压》，美国加利福尼亚，2010 年；该书的部分章节刊登于《外国文学》2014 年第 10 期。

索特尼科娃 .И.Н.：《共产国际中国分部：组织结构、人事及财务政策：1919—1943 年》，莫斯科，东方文献出版社 2015 年版。

斯比恰克 .Д.А.：《克里姆林宫的中国先锋：莫斯科共产国际院校中的中国革命者（1921—1939）》，莫斯科，维切出版社 2012 年版。

乌索夫 .В.Н.：《20 世纪 30 年代在中国的苏联情报机关》，莫斯科，KMK 出版社 2007 年版。

乌索夫 .В.Н.：《20 世纪 20 年代在中国的苏联情报机关》，莫斯科，孔夫子出版社 2011 年版。

乌索夫 .В.Н.：《邓小平与他的时代》，莫斯科，俄罗斯科学院远东所《斯吉尔谢尔维斯》出版社 2009 年版。

费基尔科 .О.П.：《20 世纪 20 年代苏联滨海区对中国工人劳动的利用》，《俄罗斯与中国：历史与合作前景：第五届国际学术实践大会论文集》（布拉格维申斯克—黑河—哈尔滨，2015 年 5 月 23 日），第五版，布拉格维申斯克，布拉格维申斯克国立师范大学出版社 2015 年版，第 172—176 页。

周秉德：《我的伯父周恩来》，外文出版社 2008 年版。

景宇（音译）：《在俄华侨的报刊》，新闻学硕士毕业论文（答辩地：圣彼得堡国立大学），圣彼得堡，2005 年。

盛岳：《莫斯科中山大学与中国革命》，译自英文版，格拉瓦乔娃 .Л.И.、格拉瓦乔夫 .В.Ц. 译，莫斯科，俄罗斯各学院东方学学院出版社 2009 年版。

舒科夫斯卡娅 .Ю.П.：《1923—1939 年滨海边疆区针对中国居民的政治教育组织》，《档案学家学报》2009 年第 3 期，第 128—143 页。

鸣 谢

中国驻俄罗斯联邦大使馆；

中国驻俄罗斯联邦特命全权大使李辉；

俄罗斯科学院远东研究所及“全世界”出版社允许亚历山大·瓦季莫维奇·潘佐夫使用其《中苏关系秘史：布尔什维克与中国革命（1919—1927）》一书中的图像资料；

俄罗斯国家社会政治历史档案馆、“罗丽”照片银行，书中使用了尤·库·库林采夫，塔·瓦·基尔萨诺娃，阿·安·阔托夫，奥·亚·季马林，P.加列耶夫，提供的照片，以及社会共享照片资料。

全世界出版社向为此书提供宝贵意见及协助甄选插图材料的专家们表达最诚挚的感谢。他们是：

李多力：伊万诺沃国际儿童院学生，中国对外友好协会中俄友好协会理事，俄文版系列丛书《我们的父辈们》项目发起人，该丛书收录了孩子们和中共领导人亲属们的回忆。

玛丽娜·阿纳托利耶夫娜·切尔吉琳娜：俄罗斯国家影像资料档案馆资深专家。

尼娜·别斯兰诺娃·凯尔切拉耶娃：符拉迪沃斯托克滨海国立阿勒谢尼耶夫联合博物馆资深保管员。

亚历山大·亚历山大洛维奇·安吉诺莫夫：莫斯科州洛西诺－彼得罗夫斯基市地方志专家及摄影师。

娜塔莉娅·弗拉基米罗夫娜·芭格丹诺娃：莫斯科州修科夫斯基历史方志博物馆馆长。

阿纳托利·安德烈耶维奇·科托夫：为本书提供了一系列伊尔库茨克、圣彼得堡、莫斯科的历史名胜及建筑照片。

同样感谢

俄罗斯国立社会政治历史档案馆为“历史人物”部分提供个人肖像照片；

俄罗斯国立影像资料档案馆为本画册提供的照片；

WWW. Pastvu.com 照片项目管理员及所有成员。

参与编选画册的相关工作人员

画册项目筹备领导人、序言作者：俄罗斯科学院远东研究所所长（2016—2020）、历史学正博士、С.Г.教授卢贾宁

俄文版第一册作者、编者：高等经济学院副教授、历史学副博士 Д.А.阿林切娃

俄文版第一、二册学术责任编辑：俄罗斯科学院远东研究所副所长 И.А.维萨科夫斯基

俄文版第一册编辑、照片甄选及描述文字撰写；俄文版第二册画册结构及构思、历史地理部分照片甄选及正文撰写：“全世界”出版社主编、历史学副博士奥·亚·季马林

俄文版第二册中国革命者履历编纂：俄罗斯科学院远东研究所高级研究员、历史学副博士 И.Н.索特尼科娃

俄文版第一册全文审校、俄文版第二册全文翻译、历史地理和履历介绍部分的编纂及修订、俄文版第二册人物照片甄选：北京大学马克思主义学院博士后、历史学副博士叶帆

俄文版第一册中文文本编辑：俄罗斯科学院远东研究所研究员 Ю.В.库林采夫，俄罗斯科学院远东研究所高级研究员 А.Ч.莫克连茨基

俄文版第一册俄汉翻译：莫斯科国立国际关系学院高级研究员 И.Е.杰尼索夫领导的翻译团队

俄文版第一册、第二册美工：“全世界”出版社 Е.А.伊里英

俄文版第二册肖像照片美化修复：А.В.沙罗乌霍夫

中文版画册党史资料审校：《中共党史资料》原主编、中央党史研究室研究员李海文

中文版画册部分俄文审校：北京外国语大学俄语中心主任、中国苏联东欧史研究会常务理事李英男

责任编辑：刘可扬　李怡然
封面设计：汪　莹
责任校对：徐林香

图书在版编目（CIP）数据

20 世纪 20—30 年代中国革命者在俄罗斯 /《20 世纪 20—30 年代中国革命者在俄罗斯》编委会 著 . －北京：人民出版社，2022.3

ISBN 978－7－01－022169－4

I. ① 2…　II. ① 2…　III. ①革命烈士－生平事迹－中国 –20 世纪－画册　IV. ① K827=6

中国版本图书馆 CIP 数据核字（2020）第 095967 号

20 世纪 20—30 年代中国革命者在俄罗斯

20 SHIJI 20-30 NIANDAI ZHONGGUO GEMINZHE ZAI ELUOSI

《20 世纪 20—30 年代中国革命者在俄罗斯》编委会

人民出版社 出版发行
（100706　北京市东城区隆福寺街 99 号）

北京雅昌艺术印刷有限公司印刷　新华书店经销

2022 年 3 月第 1 版　2022 年 3 月北京第 1 次印刷
开本：787 毫米 ×1092 毫米 1/12　印张：31
字数：500 千字

ISBN 978－7－01－022169－4　定价：329.00 元

邮购地址 100706　北京市东城区隆福寺街 99 号
人民东方图书销售中心　电话（010）65250042　65289539